JN067186

神話、聖書、文学と西洋の政治思想

陳 美卿 著
桂川 智子 訳

Myth, Bible, Literature & The Western Political Theory

HAKUEISHA

推薦の辞

ジン・ミギョン教授が1980年にカリフォルニア大学バークレー校の大学院政治学科に留学した時、私は彼女に初めて会った。その後、留学生活の哀歓を分かち合い、学業を鼓舞激励しながら格別な友愛と学縁を築いた。帰国後はそれぞれ別の大学に身を置くことになり、お互いに会うことができなかったが、二人の友情は古い故郷の友人のように依然として変わらず残っている。そんなジン教授が自身の研究と講義をもとに『神話、聖書、文化と西洋の政治思想』という著書を今回出版することになった。同学であり友人として新刊の出版を祝福し、心よりお祝い申し上げる。

この著書でジン教授が西洋の古代政治思想を古代ギリシャ・ローマ神話から分析している点は非常に独特で興味深い。そして、著者が選別した神話を政治思想の様々な重要なテーマと結び付けて解釈した試みは非常に斬新だ。特にプシュケ神話とシンデレラ神話の類似性を指摘し、男女不平等理論を再評価する部分は、女性学者として女性学に対する著者の格別な関心を示している。古代ギリシャの政治思想の検討で、著者はプラトンとアリストテレスを理想主義と現実主義の政治思想を代表する思想家として対比して分析することで、政治思想の長年のテーマである理想主義と現実主義が古代ギリシャ思想に根ざしているという点を新たに喚起させている。

韓国学界の政治思想の研究者の間で、西洋の中世政治思想は疎かに扱われた感がある。しかし、著者は西洋の中世政治思想としてキリスト教に注目し、ラザロの死と復活を人間解放宣言、『ローマ書』を王権神授説の観点から新たに解釈している。続いて、著者が古代ギリシャのヒューマニズムとキリスト教の神本主義を対比させている部分も吟味する価値がある。西洋の近代政治思想をマキャヴェッリの『君主論』を中心に考察したのも、西洋の近代政治思想の神髄を理解する上で欠かせない工程だと考えられる。

著者が政治思想史で繰り返し現れたテーマである理想主義と現実主義の交差を文学作品を通じて検討している最後の章は、この本のハイライトといえる。著者は特にテネシー・ウィリアムズの『欲望という名の電車』、ジョージ・オーウェルの『動物農場』、ソーントン・ワイルダーの『わが町』を選択し、このテーマを集中的に分析している。さらに、西洋の文学作品だけでなく、韓国文壇の代表的作家である崔仁勲（チェ・インフン）の『広場』や李文烈（イ・ムニョル）の『英雄時代』などをテーマと関連させて分析する部分も、学部で政治学ではなく文学を専攻した著者の格別な素養が窺える。政治思想の重要なテーマを文学作品に投影して分析する著者の技法は、韓国学界の政治思想研究では前例のない技法であり、独創的な寄与といえる。著者は1990年代初めから「政治と文学」という科目を韓国で初めて大学正規科目として開設し、講義しながら政治思想研究と文学作品分析を濃密に融合させる学問的実験を行ってきた。このような努力を通じて著者が示した成果と分析技法は、韓国の政治思想研究の領域と方法を新たに拡張し深化させる意味を持つ。著者のこの貢献は、後学が見習うべき持続可能な業績として残るだろう。

再度、著者の素晴らしい日本語版の出版をお祝いし、後続作業を通じて韓国政治思想学界に格別な足跡を残すことを祈願しながら推薦の辞を終える。

西江大学政治外交学科　姜 正仁（カン・ジョンイン）教授

“謝辞”

－日本語版の出版にあたって－

読者層が薄い社会科学分野で日本語版を出すことになり、政治学者としてやりがいを感じる。この本の構成と内容に関するアイデアは筆者が政治学に初めて接した時から始まった。希望と期待に胸を膨らませて政治学という科目を受講したが、生まれて初めて読んだ政治学の教材は内容が硬くて難しく、どういう意味なのか理解しにくかった。特に、政治思想の科目は雲を掴むような話という評判どおり、難しい用語に難しい内容まで重なって頭が痛かった。政治学を一生探求する学問にすべきかどうか非常に懐疑的で、政治学専攻を諦めるか悩んだ。筆者は、政治思想関連の学術書籍はなぜこのように難解な文章と専門的な用語 jrgon で埋め尽くされなければならないのか疑問に思った。

その後、政治学をどうすればもっと易しく面白く解説できるかという考えが頭から離れなかった。教授として学生たちを教え始めてから、学生たちが政治学、特に政治思想の科目に怯えて意気消沈するのを見て、面白い方法で学生たちを政治学に導きたいという考えがさらに深まった。亡父が著した『民法総論』の序文で、なるべく平易に民法を国民に伝えようとするのが著者のモットーだ[1]という文を読み、勇気を出すことにした。

韓国社会で人文学ブームが起きるずっと前の 1990 年代初めに、［政

1) 陳承録 (ジン・スンロク),『民法総論 (민법총론)』, ソウル: 大成出版社 (대성출판사), 1949, p. 2.

治と文学］という科目を韓国で初めて大学正規科目として開設した。政治思想や理想社会の追求といったテーマを、ジョージ・オーウェルの『動物農場』、テネシー・ウィリアムズの『欲望という名の電車』などの文学作品を通じて政治思想を容易に教えようと試みた。受講生たちは政治学に対する恐怖を捨て、興味を持ち始めているようだった。

これに鼓舞され、文学作品に内在した政治学理論と政治思想を解きほぐし、専門用語を最小限にとどめた政治学の専門書籍を著述することになった。この本が政治学専攻者はもちろん、一般の人も簡単に読める本になることを願っている。筆者はこの本を著し、人間は前世代の人と現在・未来の会っていない人が本を通じて知的に交流することができるというマキャヴェッリの主張を実感するようになった。

今は人文学の重要性、人文科学と社会科学の融合の必要性が韓国社会に広く認識されており、筆者が試みる文学と政治学の結合に違和感を感じないだろうと思う。人間の本性とは何か。人々は現実に満足しているのか。理想社会の実現は可能か。このような質問は人類が誕生して以来、絶えず追求されてきた。

改革と革命を経て理想社会に発展させようとする試みがなされ、大切な命が犠牲になった。しかし、まだ韓国社会は貧富の格差と所得不平等、政治指導者の腐敗と無能力などで混乱している。私たちはなぜこのような混乱を経験しており、今後の私たちの未来はどうなるのかなどの重要な問題がまだ山積みになっている。筆者はこのような難題の解決に少しでも役立ってほしいという気持ちでこの本を書いた。

今回の日本語版は最近の研究結果を参考にして内容と資料を補強した。しかしながら、読者が負担を感じないように適切な分量を維持しようと努力した。

この本が出るまでたくさん助けてくださった方々に、紙面を通じて簡単ではあるが感謝したい。博士学位論文の指導教授として学問をする楽しさを教えてくださり、学者としての人生を自ら実践した米国バークレー大学政治学科の Chalmers Johnson 教授、今は亡くなってお会いできないが、懐かしさと感謝を表したい。

学校と家庭の両立を可能にしてくれた大切な家族に感謝の意を表する。本著の日本語版発刊を祝い、丁寧に出版してくださった博英社の皆様にも感謝したい。

両親が留学した日本で、筆者の本が出版されることに感激を禁じ得ない。亡くなった両親にこの本を捧げる。女性という限界を超えられるようにしてくれ、幼い頃からいつも一人の人格として尊重し励ましてくれた父、世俗的な価値を捨てて真理を探求する学問の価値を悟らせてくれた父、そして日本による植民地時代に新女性として日本留学に行って来たが、子供たちのためにキャリアを犠牲にした柔軟で優しくて美しい母にこの本を捧げる。

2023 年 9 月

陳 美卿（ジン・ミギョン）

目次

CHAPTER THREE

03

中世の政治思想

CHAPTER FOUR

04

近代の政治思想

CHAPTER FIVE

05

文学の中の理想と現実

CHAPTER SIX

06

人類の歴史の発展

Chapter 01

政治学と政治思想

MYTH · BIBLE · LITERATURE
& THE WESTERN POLITICAL THEORY

Chapter 01

政治学と政治思想

01 神話、聖書、文学と西洋の政治思想

西洋の政治思想は西洋文明の礎である古代ギリシャ・ローマ神話から始まった。古代ギリシャでは紀元前6世紀から神話の時代が徐々に終わりを迎え、物事の道理を探求する哲学者たちが登場し、知識の革命が起き始めていた。古代ギリシャ人は、気まぐれで予測しにくい神に依存する慣習から脱し、人間の理性によって物事の理を見つけようと試みた[1]。タレス、ピタゴラス、ヘラクレイトスのような学者が現れ、ギリシャ啓蒙時代が出現した。特に、ヘラクレイトスは万物が絶えず変化すると主張することによって、ヘーゲル弁証法の基礎を作った[2]。古代ギリシャの啓蒙思想家たちの真理探求精神は、ソクラテスとプラトンに受け継がれた。目に見えない真実を見つけようとする努力はプラトンによって頂点に達した。

古代が終わって中世が始まり、西洋の政治思想はキリスト教

1) C. M. Bowra, *The Greek Experience*, New York: New American Library, 1957, pp. 177-179.

2) Bowra, 1957, p. 183.

思想が支配するようになった。本書では聖書を政治的に解釈しようと試みる。近代政治思想は、中世キリスト教思想を否定し、徹底的に世俗的な政治思想を出現させたマキャヴェッリによって始まった。マキャヴェッリの様々な著作のうち、彼の代表的著書である『君主論』を中心に近代政治思想を見ていきたいと思う。

最後に、政治思想が追求する理想社会の実現が、文学作品の中で実際にどのように現れたのか分析する。プラトン以来、政治学者の最も重要な問題である理想社会の実現について、世俗的なアプローチをとったテネシー・ウィリアムズの『欲望という名の電車』を通じて探求する。次に、特に共産主義思想に対して寓話的方法を用いて批判したジョージ・オーウェルの『動物農場』を分析しようと思う。そのあとに、理想社会の追求について異なる見解を示しているソーントン・ワイルダーの『わが町』について見てみたいと思う。

本書によって、政治思想を勉強する政治学者と政治学に関心のある一般読者が、政治思想に対する畏敬の念と恐怖を捨て、政治学と政治思想がどれほど面白くて有用な学問であるかに気づいていただけることを願う。そして、政治思想に関する著作物が昔出版された役に立たない単なる古い知識ではなく、今日の我々の現実問題をも解決する答えを提供してくれる知識の宝庫だという事実も認知する契機になることを願う。

02 政治学の研究テーマ

政治学は全ての学問の中で最も古い分野の一つである。政治学に近い社会学は19世紀のコントによって始まり、経営学、コンピューター工学などは最近始まった学問だ。紀元前5世紀に生きたプラトン Platon、BC427-347 は、全ての学問の祖と言える。プラトンは政治学だけでなく、哲学、論理学、教育学、女性学など、ほぼ全ての学問の基礎を築いた。プラトンの著書のうち、代表的な著書は『国家』である[3]。『国家』でプラトンは理想国家の探求に心血を注いだが、政治学はまさにここから始まる。

政治学者の共通の関心事と研究テーマは、概ね次の四つに分けられる。第一に、人間の本性についての探求である。政治学の主要研究テーマである国家の形態、政治指導者の行為、法と政策の起源、戦争と平和などの問題は、根本的に人間の本性と関係があると考えられる。

東洋で人間の本性を性善説と性悪説に区分したように、西洋では人間の本性を共同体的 cooperative 本性と、原子的 atomic または利己的本性に区分した。古代と中世の西洋の政治思想は、人間の本性を共同体的だとした。人間を共同体的存在と理解する西洋の人間観は、東洋の性善説と一致する。なぜなら、人間が共同体を成して暮らせる理由は、人間が善良で他の人々と葛藤を起こさずに暮らせることを意味するからだ。

人間の本性を共同体的に理解する代表的な学者にはアリストテレスが挙げられる。アリストテレス Aristoteles, BC 384-322 は『政治学』で人間を政治的動物と定義した[4]。政治的動物という意味は、人間は一人では生きられず、多くの人が集まって暮らさなければな

---

3) Plato, *The Republic of Plato*, translated with introduction and notes by Francis MacDonald Conford, London: Oxford University Press, 1941.

4) Aristotle, *The Politics of Aristotle*, edited and translated by Ernest Barker, London: Oxford University Press, 1958.

らない本性を持っているため、多くの人が集まって政治的な共同体、すなわち国家を作って生きなければならないという意味だ。

政治的動物という意味には別の意味が含まれている。人間は一人では道徳的になりにくいため、国家という政治的共同体の中で他人と一緒に暮らしてこそ、他人の目を意識して道徳的になるという意味だ。このような意味でアリストテレスは、一人暮らしの人間は神か獣だと述べた[5]。言い換えれば、一人で孤立して暮らす人間は道徳的に完全な神であるか、道徳に気を使う必要がない獣だという意味だ。国家は人間が天性的^by nature^に持っている道徳的特性を完成させてくれるため、アリストテレスは時間的には個人や家族が国家より優先するが、天性的には国家が家族や個人より優先すると言った[6]。

人間の本性を善良で共同体的だと理解する人間観は中世まで伝わった。中世を支配したキリスト教思想でも、神の意思に従って善良な人間として生きることを教えている。

古代から伝わる共同体的人間観は、近代になってホッブズ^Thomas Hobbes、1588-1679^によって完全に変わることになる。ホッブズは人間の本性を原子的だとした。人間の想像力を張り巡らせて人類が初めて生まれた自然状態に遡ると、人間はもともと利己的な本性を持った存在で、私益を追求しながら一人で生きるようになっている。したがって、自然状態は万人の万人に対する戦争状態である[7]。ホッブズは古代から伝わる西洋の政治思想の流れを完全に変えており、このような点で社会科学のコペル

5) Aristotle, 1958, p. 6.

6) Aristotle, 1958, p. 6.

7) Thomas Hobbes, *Leviathan*, edited by Michael Oakeshott, New York: Collier Books, 1962, p. 103.

ニクスと言える。

政治学者の二つ目の研究テーマは、不平等な政治的権威の起源に関する問題だ。政治は支配と服従を前提とする不平等な関係だ。人々は皆平等を望んでいるようだが、実際には政治的不平等を喜んで受け入れる。政治学者たちはこのような矛盾に疑問を持ち、不平等な関係である政治的権威がどのように生まれたのかについて探求し始めた。

支配服従の不平等な問題は、政治的権威が自然に発生したと解釈するか、それとも人々が人為的に作ったと解釈するかによって変わる。古代と中世の政治思想家たちは、不平等な政治的権威が自然によって、または神によって与えられたものであるため変えることができず、抵抗できない絶対的な関係だと主張した。そもそも人々の間に支配服従の不平等な関係が自然に生まれ、神によって人々が生まれた時から、ある人は王に、ある人は奴隷として生まれたというのに、誰があえて権威に立ち向かえるだろうか。自然や神のような絶対的権威を持つ主体が不平等な政治的権威を作ったと考えれば、政治的権威と支配者に当然服従しなければならないし、抵抗もできないという論理が発生する。このような論理は絶対権力論と結び付く。

政治的権威の起源に関する古代と中世の理論もホッブズによって覆される。ホッブズは、不平等な政治的権威は逆らえない自然や神が作ったものではなく、人間が便宜のために、人間の自由な意思に従った契約によって作られたと説いた。人間はもともと自然状態において平等で自由に生まれたが、全て人が自分勝手にできる自由を持っていると、他人の生命を脅かす恐れがあるため危険だ[8]。したがって、全ての人を拘束できる共通の政治的権威

8) Hobbes, 1962, pp. 98-112.

を作り、全ての人がここに拘束されればむしろ安全であるため、自然状態の自由と平等を捨てて不平等な関係に入った[9]。ホッブズの政治的権威の起源は今日まで続き、自由民主主義の基盤となっている。

政治学者の三つ目の研究テーマは公益と私益に関する問題だ。上記の二つの問題と同様、この問題についても古代と中世の政治思想家と近代以降の政治思想家の理論が区分される。古代·中世の政治思想家たちは、政治的権威と国家が全ての人の利益、すなわち公益のために作られたと信じている。初めて公益と私益を区分したアリストテレスは、指導者が公益を追求する国家を良い国家に、私益を追求する国家を悪い国家に規定している。アリストテレスは国家形態を公益と私益の基準で区分すると同時に、指導者の数によって一人、少数、多数に区分する。上記の二つの基準によって国家を六つに区分したのが、アリストテレスの有名な六政体論である。

表 1.1

アリストテレスの政体分類表

区分	公益	私益
一人	君主制 (monarchy)	僭主制 (tyranny)
少数	貴族制 (aristocracy)	寡頭制 (oligarchy)
多数	共和制 (polity)	民主制 (democracy)

政治学者が追求する四つ目の研究テーマは、国家と社会の関係に関する問題だ。言い換えれば、国家が自律性を持ってい

9) Hobbes, 1962, p. 100; pp. 129-133.

るのか、それとも社会が自律性を持っているのかという問題である。古代・中世の思想家たちは国家が自律性を持っていると捉え、近代以降の学者たちは社会が自律性を持っていると捉えた。国家が自律性を持っているという主張はアリストテレスに始まる。アリストテレスは国家の構成員である個人も重要だが、国家や共同体がより重要だと述べた。例えば、手や足は体にくっついている時だけ意味があり、その役割をする。それ自体には何の意味もない。手や足を体から外すと、手と足の機能はなくなる。手は体に付いている時だけ物をつかむなどの手の役割をし、足も体に付いている時だけ体を支えるなどの役割を果たすことができる。したがって、手足に該当する個人や社会より、体全体に該当する国家がより重要だということだ。

したがって、社会は国家の指示を受けなければならず、国家は社会に従属しない自律性を持っているということだ。アリストテレスはプラトンより民主主義に対してより肯定的に支持を表明したが、個人より国家をより重要に考えたという点で、民主主義とは反対の有機的国家論と全体主義国家論の創始者と評価されたりもする。

社会の自律性を強調する代表的理論家としては、経済学者でありながら政治学の内容を充実させたアダム・スミスが挙げられる。アダム・スミスは『国富論』で、国家が所有していた金銀の量を国家全体の富として測定する当時の重商主義政策を批判した[10]。アダム・スミスは、国家の富は個人が良質の商品をどれだけ安い価格で買えるかにかかっているとし、生産量を増やすために分業を強調し、国家間の自由貿易を主張した。アダム・スミス

10) Adam Smith, *The Wealth of Nations,* New York: Penguin Books, 1982.

は自由主義者で、人間は理性を所有しているため、国家が市場、すなわち社会に介入する必要はないと述べた。商品の価格は需要と供給の量にしたがい、見えざる手によって調節されるため、国が介入する必要はない。言い換えると、社会が国家より進んだ自律性を持たなければならないと説いた。アリストテレスの国家自律性理論とアダム・スミスの社会自律性理論は、その後の政治学者に重要な論争の種を提供した。

03 政治学の下位分野と政治思想

政治学は前述した大きい研究テーマを持っており、それらをどのような方法でどのように研究するかによって、一般的に政治思想、比較政治、国際政治、政治学方法論に細分される。政治学の中でも政治思想は歴史が最も古い分野で、プラトンによって始まった。政治思想は理想国家の姿について研究する学問である。現在の国家は不完全で矛盾に満ちているため、今より良い国家をどうすれば成し遂げられるかを研究する分野だ。言い換えれば、未来にそうあるべきだという当為性 oughtto、または、未来社会を実現するためにはどのような政治、経済、社会制度が必要かを処方する分野だ。我々が病気で医者に行くと、医者は患者にどこがどのように悪いのかを診断し、薬の処方を出す。これと同様、政治思想は現在の政治、経済、社会がどのような状態にあるかをまず診断する。その次に、原因と結果の因果関係を分析し、未来にこのような制度を導入しなければならないという処方を提示する。政治思想の代表的理論としては、プラトンの哲人王理論とカール・マルクスの共産主義理論などが挙げられる。

プラトンの政治思想の確立に大きな影響を及ぼした事件は、ペロポネソス戦争[BC431-404]であると言える。プラトンは、富強だった祖国であるアテネがペロポネソス戦争でスパルタに敗れた理由は、国民が支配する民主主義によって統治されたためだと考えた。そして、没落したアテネを再び生き返らせ理想国家を成し遂げるため、少数の賢明な哲学者が支配者になるべきだという処方を提示した。マルクスは、当時の資本主義社会は不平等が深刻化し、貧富格差のような矛盾に満ちた悪い社会であるため、革命によって資本主義社会を崩壊させ、共産主義社会を成し遂げなければならないという処方を提示した。このように、政治思想家たちの共通の目標は、現在より良い理想社会を追求することにある。

比較政治は文字通り、異なる国々を比較する分野だ。比較政治分野は第二次世界大戦後、急速に発展した。それ以前は、比較政治研究の地域の対象は主に英米地域、すなわち民主主義を信奉する西ヨーロッパとアメリカ中心に制限されていた。第二次世界大戦が終わり、植民地状態にあった地域で既存の理念とは異なる理念に従う新生国が出現したことで、比較の対象が増え、比較政治学はこれらの地域を土台に拡張した。

比較政治学者の多くは理念によって国家を区分する。地球上で一番先に出現した理念は古代ギリシャの民主主義と考え、民主主義を採択した国家を第一世界と呼ぶ。ここに属する国々は英米諸国と西欧諸国だ。1917 年にロシアでマルクスの共産主義思想に従う共産主義革命が勃発した。その後、共産主義理念はソ連の強要によって、または中国やベトナムのような自生的な発生によって、東ヨーロッパやアジア、アフリカの国々に伝播した。これらの国々を第二世界と呼ぶ。

一方、植民地から解放されたアジア、アフリカ、南アメリカの一部の国で、これまで見てきた理念とは異なる形態を備えた国家が現れた。これらは民主主義に従う国家でもなく、共産主義に従う国家でもなかった。しかし、これらの国々は植民地から解放されたという共通の歴史的背景と、短期間で先進国に追いつこうとする目標を大部分が持っており、軍部独裁が出現していた。これらの国々、つまり、第一世界にも第二世界にも属さないこれらの残りの国家 residual countries をまとめて第三世界、または権威主義国家と呼ぶ。

国際政治の分野は国家間の関係を研究する分野で、戦争、外交、安保研究がこの分野に属する。国際政治は大きく二つの分野にさらに細分化される。国際政治学者たちは最初は主に国家間で起こる戦争や一国の外交と安保政策などについて研究した。このような傾向を権力政治 power politics と呼ぶ。この分野の代表的な学者にハンス・モーゲンソーとケネス・ウォルツがいる[11]。

しかし、国家間の関係は必ずしも戦争だけでなく、経済的な協力関係もある。行為の主体が国家のみならず、各国の市民団体のような非政府団体もある。このような傾向を反映して、国際政治学者たちは分析の見方を広げ、国家間で起こる経済的協力、すなわち、相互依存の政治 interdependence と非政府組織間で起こる交流現象を新たに研究し始めた。また、理念が異なる国家間で起こる戦争だけでなく、理念が同じ国家間で起こる経済紛争も扱い始めた。このような新しい分野を「権力政治」と区分して「相互依存の政治」と呼ぶ。この流れの代表的な学者の先駆者としては、ロバート・コヘイン Robert Keohane、ジョセフ・ナイ Joseph Nye などが

11) Hans Morgenthau, *Politics among Nations*, New York: Knopf, 1961; Kenneth Waltz, *Man, the State and War*, New York: Columbia University Press, 1954.

挙げられる[12]。

政治学の方法論は一般の人々に広く知られている世論調査などを含む。厳密に言うと、方法論は二つに区分できる。一つは質的方法論で、もう一つは量的方法論だ。質的方法論は認識論[epistemology]といい、何が真理かを探求する分野だ。量的な方法論は計量政治といい、世論調査、選挙分析などがこれに属する。

根拠となる正確な資料が不足していて断言はできないが、韓国の政治学者を上述した分野に分けると、比較政治学者が一番多いと推定される。その次が国際政治であろう。最近はコンピューター技法の発達により、計量政治を専攻する政治学者の数も増加している。

政治思想はおそらく歴史が最も古く、読む資料が膨大であるためか、政治学分野の中で最も難しい分野であると認識されている。プラトン、マキャヴェッリ、ルソー、マルクスなど名前を聞いただけでも圧倒され、政治思想を忌避する場合が多い。しかし、実は比較政治や国際政治などの政治学の人気分野のルーツは政治思想にあるため、政治思想を知ってこそ政治学を知ることができると言える。

例えば、現代政治学の最も重要な理論の一つであるリプセット[Seymour Martin Lipset]の近代化理論は、アリストテレスの思想に基づいている。リプセットの代表的著作で近代化理論の嚆矢となる『Political Man』の本のタイトルは、アリストテレスの「人間は政治的動物」という主張から取ったものだ[13]。国際政治分野の代表的な必読書であるケネス・ウォルツの『人間、国家、そして戦争』

---

12) Robert Keohane and Joseph Nye, *Power and Interdependence*, Boston: Little & Brown, 1977.

13) Seymour Martin Lipset, *Political Man*, Baltimore: Johns Hopkins University Press, 1981.

は、ルソーの政治思想から出発している[14]。いまだに多くの計量政治学者がしている戦争についての研究、すなわち、理念が同じ国家間では戦争が少ないという理論もカントの思想に基づいている[15]。国際政治の重要な概念である勢力均衡 balance of power 理論は、紀元前5世紀の古代ギリシャのペロポネソス戦争を記述したトゥキュディデスの本『戦史(ペロポネソス戦争の歴史)』にその起源を置いている[16]。このように政治思想が政治学の全ての分野の基礎であるため、政治思想に対する正しい理解と知識があってこそ、政治学を正しく理解することができる。

政治思想の分量が膨大であるため、本書では近代政治思想の嚆矢であるマキャヴェッリまで扱っている。そして、政治思想が文学作品に溶け込んだ作品などを見てみることにする。文学作品を通じて、読者は理想社会が実現可能なのか、それとも現実に忠実でなければならないのかについて深く考える機会を得ることができるだろう。

---

14) Waltz, 1954.

15) Immanuel Kant, *Perpetual Peace*, tr. Mary Campbell Smith, New York: Cosimo, 2010.

16) Thucydides, *The Peloponnesian War*, the unabridged Crawley translation with an introduction by John H. Finley, Jr., New York: Modern Library, 1951.

Chapter 02

古代の政治思想

MYTH · BIBLE · LITERATURE
& THE WESTERN POLITICAL THEORY

Chapter 02

古代の政治思想

01 古代ギリシャ・ローマ神話

西洋文明は大きく古代ギリシャ・ローマ文明とキリスト教文明で構成されている。古代ギリシャ・ローマ神話に現れる神は、キリスト教の全知全能で道徳的に完全な神ではなく、人間のように欠点とミスが多い神だ。もちろん古代ギリシャ・ローマ神話の神は人間より全能な力を持っており、予知力もある。しかし、神が人間と同じ本能と欲望を持っているというのは、人間がモデルになって神に人間の特性を与えたという点で、人間中心の人本主義思想を内包していることがわかる。キリスト教では神が中心であり、神は人間が模倣すべきモデルであるため、神本主義の思想である。

古代ギリシャ・ローマ神話とキリスト教は、人間中心思想か神中心思想かという点で基本的に違いがある。もう一つの重要な違いは、古代ギリシャ・ローマ神話は多くの神を信じる多神教だが、キリスト教は唯一神を信じる宗教だという点だ。ところが、このように根本的に異なる二つの流れが現在の西洋文明に同時に大きな影響を及ぼした。

古代ギリシャ・ローマ神話は想像力が豊かなため、人物とストーリーの多様性の面において後代の文学作品だけでなく、思想、宗教、道徳、倫理、科学、美術、音楽、建築などに多くの影響を及ぼした。ゼウス、ヘラ、アポロン、アフロディテなど、オリュンポス山に住む12柱の神は実際の歴史に現れる人物ではなく、人間の想像の中に出てくる神話の神々だ。したがって、古代ギリシャ・ローマ神話は人間の豊かな想像力が創り出した神話だと考えられてきた。

しかし、ドイツの裕福な実業家で考古学者のハインリヒ・シュリーマン Heinrich Schliemann1822-1890 が1871年からトロイ遺跡を発見したことで、トロイ戦争のような神話の一部が人間が想像力によって創り出された話ではなく、古代に厳然と実際に存在した歴史であることが証明された。シュリーマンは幼い頃、古代ギリシャ・ローマ神話を読んで感銘を受け、トロイ遺跡を見つけ出そうと決心した。シュリーマンはトルコのヒッサリクの丘でトロイ遺跡を発見し、「トロイのヘクトール」と書かれた硬貨も発見した[1]。トロイ遺跡が発掘されたにもかかわらず、ギリシャ・ローマ神話のどの部分が神話で、どの部分が歴史なのかを区分するのは非常に難しい。

シュリーマンと関連した面白い逸話がある。シュリーマンは古代ギリシャ文明に魅了され、ギリシャ人女性と再婚し、娘と息子をもうけた。シュリーマンは神話に心酔し、娘の名前はトロイの王子ヘクトールの妻の名前に基づいてアンドロマケと名付け、息子の名前はギリシャ将軍の名前に基づいてアガメムノンと名

1) http://classics.uc.edu/troy/coins/ 検索日 2020. 4. 12.

付けた[2]。子供たちが洗礼を受ける際には、ホメロスの『イーリアス』の本を子供たちの頭の上に置いた[3]。

キリスト教も古代ギリシャ・ローマ神話と同様、どの部分が神話で、どの部分が実在した歴史的事実なのか区別し難い。この点は特に旧約を見るとさらに混乱する。旧約聖書は古代ギリシャ・ローマ神話と同じように、ユダヤ民族の神話であって歴史ではないと主張する学者もいる。

聖書の最初の部分に出てくる創世記を見ると、それがいつなのか明確でないが、とても遠い昔に神の言葉によって宇宙が始まったとされる。神が最初に人間であるアダムを創り、その次に彼のパートナーであるイブを創った。古代ギリシャ・ローマ神話と聖書が異なる点は、聖書はアダムを始祖としてイエスまで続く系譜が順に並んでおり、韓国朝鮮時代の系図を連想させるという点だ。これを根拠に、聖書はユダヤ人の神話ではなく歴史だと主張する学者もいる。

古代ギリシャ・ローマ神話とキリスト教は、人本主義と神本主義という点で根本的に違いがあるが、驚くほど類似した点も少なくない。古代ギリシャ・ローマ神話では世の中が創造される前は混沌[chaos]状態にあり、地と海と空が全て混じり合っていると描写している[4]。どの神かわからないが、神と自然が干渉してこの混沌を終わらせ、地を海から引き離し、空を地と海から引き離した[5]。

---

2) John Edwin Sandys, *A History of Classical Scholarship(Volume III): The Eighteenth Century in Germany, and the Nineteenth Century in Europe and the United States of America*, Cambridge: Cambridge University Press, 1908, p. 224.

3) https://alchetron.com/Heinrich-Schliemann 検索日 2022. 6. 2.

4) 混沌 (chaos) と反対の概念は秩序 (cosmos) だ。

5) Thomas Bulfinch, *Bulfinch's Mythology: The Age of Fable or Stories of Gods and*

同様に聖書にも太初に混沌があったが、神が天と地と海を分けたと記述されている[6]。創世記 1 章には神が天と地を創造し、地は形がなく空虚だったと記述されているが、これがまさに混沌を意味する[7]。

人間の創造においても古代ギリシャ・ローマ神話と聖書には類似点が多い。古代ギリシャ・ローマ神話には、人間が創られる前に地球に住んでいた巨人族の神ティタンの一員であるプロメテウスが人間を創ったと記述されている。プロメテウスは大地の土に水を注ぎ、宇宙を支配する神を真似て人間を創った。プロメテウスは全ての動物を地面を見下ろすように作ったが、人間だけは直立させ、空を見上げることができるようにした[8]。これは、人間が動物を見下ろすように作られていることから、動物より優れているという点を意味する。

プロメテウスの人間創造論、特に人間を土で作り、神のイメージに沿って作ったという神話は、聖書で神が土で神の形状に沿って最初の人間であるアダムを作ったということと同じだ[9]。異なる点があるとすれば、神話では人間を単に土で作ったのに対し、聖書では神が生気を人間の鼻に吹き込んだ点だ[10]。この点は人間が単なる土という物質、すなわち肉体だけを持った存在ではなく、生気、すなわち精神も所有した存在だということを示している。

Heroes, New York: Doubleday & Company, 1948, p. 12.

6) 『성경』, 서울 : 아가페 , 2005 (『聖書』, ソウル : アガペ , 2005), 創世記 1 章 1-10 節 , p. 1. 以降は聖書の章と節を別に表示せずにコロンで表示する。例えば、創世記 1 章 1 節は 1:1 と表示する。

7) 『성경』 (『聖書』), 2005, 創世記 1:1-2, p. 1.

8) Bulfinch, 1948, p. 13.

9) 『성경』 (『聖書』), 2005, 創世記 1:26-27, p. 2.

10) 『성경』 (『聖書』), 2005, 創世記 2:7, p. 3.

古代ギリシャ・ローマ神話と聖書のもう一つの類似点は、人類を滅ぼした大洪水事件だ。古代ギリシャ・ローマ神話では人類が初めて創られた時、真理と正義が支配し、法も武器も必要なく、人々は純真で幸せな状態で暮らしていた[11]。時間が経つにつれ、私有財産ができて戦争が勃発し、息子は財産を相続するために父親の死を願う状況にまで至った。ゼウス[12]は人類の堕落に怒り、地上に莫大な雨を降らせ、人間を滅ぼす。ゼウスは空から降らせた雨だけでは満足できず、弟である海の神ポセイドンに要請して海を氾濫させる。ポセイドンは海の扉を開け、地震も起こして人類を滅ぼす。ゼウスは、義理堅く信仰心が深いデウカリオンと彼の妻であるピュラだけを生かし、彼らが人類の先祖となる[13]。

聖書にも同様の大洪水事件がある。神が創った人々が腐敗して暴悪になると、神は神と同行する義人のノアとその家族を除いて皆滅亡させる。ノアが神の命令どおり箱舟[14]を建て、その箱舟に入った 7 日後から 40 日間昼夜にわたり雨が降り、地にいる人間だけでなく全ての生物が滅亡した。雨が止んでノアが箱舟から出てくると、ノアの 3 人の息子たちから子孫が生まれ

11) Bulfinch, 1948, pp. 14-15.

12) ゼウスは「生きる、輝く」という意味だ。同様にキリスト教で神の名であるヤハウェも「存在する (= 生きる)」という意味を持っている。Theophile James Meek, *Hebrew Origins*, New York: Harper Torchbook, 1960, pp. 108-109. 조지프 캠벨,『신의 가면 III 서양 신화』, 정영목 옮김, 서울 : 까치, 2014, (ジョーゼフ・キャンベル,『神の仮面 III 西洋神話』, チョン・ヨンモク訳, ソウル : カササギ, 2014) p. 159 から再引用

13) Bulfinch, 1948, pp. 14-19; 이윤기,『이윤기의 그리스 로마 신화』, 1 권, 서울 : 웅진지식하우스, 2015, pp. 244-260. (イ・ユンギ,『イ・ユンギのギリシャ・ローマ神話』, 1 巻, ソウル : ウンジン知識ハウス , 2015, pp. 244-260.)

14) 箱舟とは、ノアが松の木で建てた四角い大きな船のことをいう。

て人間が全地に広がった[15]。神話専門家のジョーゼフ・キャンベルによると、大洪水のモチーフは世界各地の様々な神話に現れるという[16]。

ギリシャ・ローマ神話とキリスト教は女性を否定的に見る観点で類似している。ギリシャ・ローマ神話で人類初の女性はパンドラだ。パンドラは全ての贈り物を受け取った女という意味だ[17]。ゼウスは、空から火を盗んで人間にもたらしたプロメテウスとその弟のエピメテウスを罰するため、パンドラを作って彼らに送った。パンドラを作る際に、神々があらゆる贈り物を授けた。アフロディテは美を、ヘルメスは説得力を、アポロンは音楽を与えた。まず、考える者という意味を持つプロメテウスは、後で考える者という意味を持つエピメテウスにゼウスの贈り物に気をつけろと言ったが、エピメテウスはパンドラを妻として迎えた[18]。

エピメテウスは家に箱を一つ持っていたが、その中にはありとあらゆる邪悪なものが入っていた。パンドラは箱を開けてはならないと言われたが、好奇心にかられて蓋を開けてしまう。箱の中には人間に害を及ぼすありとあらゆる災いが入っていた。人間の肉体を苦しめる痛風、リウマチ、腹痛と、人間の精神を苦しめ

---

15) 『성경』(『聖書』), 2005, 創世記 6:5-9:19, pp. 8-11.

16) ジョーゼフ・キャンベル (Joseph Campbell, 1904-1987) は神話を主に研究したアメリカの学者だ。

17) pan はギリシャ語で「全て」という意味で、doran は「贈り物」という意味だ。Rachel H. Lesser, "The Pandareids and Pandora: Defining Penelope's Subjectivity in the Odyssey," *Helios*, 44:2, September 2017, p. 113; Laleen Jayamanne, *Poetic Cinema and the Spirit of the Gift in the Films of Pabst, Parajanov, Kubrick and Ruiz*, Amsterdam: Amsterdam University Press, 2021, p. 23; Don Nardo, *The Greenhaven Encyclopedia of Greek and Roman Mythology*, New York: Greenhaven, 2002, p. 57.

18) 이윤기 (イ・ユンギ), 3 巻, 2015, p. 247.

る妬み、悪意、復讐心のようなものだ。パンドラは驚いてすぐに蓋を閉めたが、すでに悪いものは世の中に広がり、希望一つだけが箱の一番下に残っていた。今日まで人間が最悪の状態に直面しても希望を絶対に失わないのは、パンドラの箱に希望が残っているためだという。人間が希望を持っている限り、いかなる災難も我々を悲惨な状態に陥れることはない[19]。

パンドラ神話は、世の中の全ての悪がパンドラという女性のせいで生まれたと規定することで、女性を悪の根源と見る否定的な見解を示している。女性に対する否定的な見方は聖書にも現れている。人類初の女性であるイブが、エデンの園で神に食べるなと言われた知恵の実を取って食べたため、人間は永生できず死ぬこととなった。女性は出産する苦痛を甘受しなければならず、男性に支配されるようになった。男は一生額に汗をかく苦労をしてこそ、土から生まれる生産物を食べることができるようになった[20]。

ギリシャ・ローマ神話や聖書に出てくる女性に対する否定的な見方は、おそらくその時代の女性観を反映したものと見られる。古代ギリシャでは女性は男性と違って政治に参加する権利がなく、家の中で家事と子供の養育を担当した。イスラエルの旧約時代でも、女性の地位は古代ギリシャと同様に低かったものと推定される。

西洋で古代ギリシャ・ローマ神話が知れ渡るようになったのには、トマス・ブルフィンチ Thomas Bulfinch、1796-1867 の功績が大きい。ブルフィンチはハーバード大学を卒業して教師や銀行員をしていたが、ギリシャ・ローマ神話を読んで深い感銘を受け、それを英

19) Bulfinch, 1948, p. 14.

20)『성경』(『聖書』), 2005, 創世記 2:17, 3 章, pp. 3-5.

語に翻訳した[21]。ブルフィンチは、古代ギリシャ・ローマ神話に対する知識がなければ西洋文学を鑑賞できないと述べた[22]。

西洋文明の二大源泉といえる古代ギリシャ・ローマ神話とキリスト教のうち、ここではまず古代ギリシャ・ローマ神話を見てみることにする。なぜなら西洋人は、彼らが最も重要な価値として誇っている民主主義の起源を古代ギリシャのアテネの民主主義に求めているからだ。アテネの起源は古代ギリシャ神話に遡る。古代ギリシャには数百の都市国家があった。都市国家が建国と滅亡を繰り返したため、正確にいくつの都市国家があったのかは明らかではない。ギリシャ本土には200ないし300余りの都市国家があった。地中海と小アジアなどの植民地まで合わせれば、千余りに達したという[23]。

その中での大国は、民主主義を実施するアテネと君主制を実施するスパルタだ。西洋人は君主制を実施したスパルタより、民主主義を実施したアテネから西洋文明のルーツを探す。もちろん古代アテネの民主主義は直接民主主義であり、現代の間接民主主義とは違う。

古代ギリシャ・ローマ神話が西洋人に多大な影響を及ぼしたエピソードは他にもある。ヨーロッパという名前は古代ギリシャ・ローマ神話に由来する[24]。ゼウスはエウロペ Europe を愛し、

---

21) Thomas Bulfinch, *Bulfinch's Mythology*, includes *The Age of Fable, The Age of Chivalry, and Legends of Charlemagne*, New York: Modern Library, 1998, p. vii.

22) Bulfinch, 1998, p. 3.

23) http://www.ancient.eu/Polis/

24) Almut-Barbara Renger, "Tracing the Line of Europa: Migration, Genealogy, and the Power of Holy Origins in Ancient Greek Narrative Knowledge and Cultural Memory," *History and Anthropology*, 25:3, June 2014; Geredien Jonker, "Naming the West: productions of Europe in and beyond textbooks," *Journal of Educational*

雄牛に変装した。エウロペは大人しい雄牛の背中に乗り、雄牛に変わったゼウスはエウロペを乗せて色々な地域を歩き回った。西洋人はエウロペが歩き回った地域をヨーロッパと命名した。西洋人が彼らが住んでいる地域名をギリシャ・ローマ神話から取ったのを見ると、古代ギリシャ人とどれほど一体感を感じたかがわかる。

ギリシャ・ローマ神話は後代の政治思想家にも多くの影響を及ぼした。フランス革命に思想的基礎を提供したルソーは、6歳の時にプルターク英雄伝を読んだ[25]。近代政治思想の先駆者であるマキャヴェッリも古代ギリシャ・ローマ神話から大きな影響を受けた。彼の代表的著作である『君主論』には、アテネの英雄テセウス、トロイ戦争の英雄アキレウス、アキレウスを養育した半人半馬のケイロン、トロイの将軍でローマ建国の祖であるアイネイアスの恋人だったディドなど、ギリシャ・ローマ神話の人物が多数登場する。現代社会科学の巨頭であるカール・マルクスとマックス・ウェーバーも、古代ギリシャ・ローマ文明から大きな影響を受けた。マルクスの博士号論文は古代ギリシャ哲学に関するもので、ウェーバーも古代ローマの農業制度について深い関心を持っていた。

本書で古代ギリシャ・ローマ神話を全て扱うことは難しいため、政治的意味を持つ幾つかのエピソードを中心に見てみようと思う。人類の歴史はいつからか正確にはわからないが、古代ギリシャ・ローマ神話によると、はるか昔の巨人であるティタン族から始まった。ティタン族に属するゼウスが、自分の父親であ

Media, Memory, and Society, 1:2, Autumn 2009.

25) David L. Sills and Robert K. Merton, eds., *International Encyclopedia of Social Sciences,* "Rousseau, Jean Jacques," New York: Macmillan, 1968, p. 563.

るクロノスに対抗して反乱を起こした結果、ティタン族は滅亡し、ゼウスが神と人間を支配することになる。

それでは、政治学に多くの影響を及ぼしている神話を見てみることにしよう。

1) プロメテウスと抵抗精神

プロメテウスが人間に火をもたらした罪で、ゼウスから罰を受けた話は有名だ。なぜ、プロメテウスは神だけが所有していた火を人間にもたらしたのだろうか。プロメテウスとエピメテウスは兄弟で、プロメテウスは人間を作る業務を担当し、弟のエピメテウスは人間と動物に生存に必要な様々な能力を付与する仕事を担当していた。エピメテウスはいくつかの動物に、それぞれ勇気と力、敏捷さ、知恵などの贈り物を与えた。また、ある動物には翼を、他の動物には爪を、また他の動物には硬い殻などを与えた。人間の番になった時、エピメテウスは彼が持っている資源を使い果たし、与えるものがなかった。エピメテウスは慌てて兄のプロメテウスのところに駆けつけ、助けを求めた。

プロメテウスは知恵の女神アテネの助けを借りて空に上がり、太陽神の馬車から火を盗み、地面に降りて人間に与えた。火という贈り物をもらった人間は、他の動物とは比べ物にならないほどの優越的地位を得た。人間は火で武器を作って他の動物を征服できるようになり、器具を作って土地を耕作できるようになった。住居地に暖房ができるようになって気候の影響を受けなくなり、貿易と商業の手段である貨幣を作れるようになった[26]。

プロメテウスは人間に火をもたらして人間の友人となったが、人間に文明と技術を教えた罪でゼウスの怒りを買うことに

---

26) Bulfinch, 1948, pp. 13-14.

なった。ゼウスはプロメテウスをコーカサス山の岩に鎖で縛ると、鷲が来て肝臓を食い荒らした。ゼウスが下した罰は重い罰だったため、鷲に食われた肝臓はまた生き返り、プロメテウスの刑罰は続いた。プロメテウスはゼウスの王位を安定させる秘密を知っていたので、プロメテウスがこの秘密をゼウスに打ち明け、ゼウスに服従すれば、この刑罰は直ちに終わらせることができた。しかし、プロメテウスは服従を軽蔑した。ブルフィンチは、プロメテウスが服従を拒否することで、無限の苦痛に耐える不屈の忍耐と抑圧に抵抗する意志の象徴になったと高く評価した[27]。

苦痛が続くプロメテウスの刑罰と似たようなケースがギリシャ・ローマ神話に数か所現れる。ここではシシュポスとタンタロスのエピソードを見てみよう[28]。シシュポスはコリントスの王で、ゼウスが送った死の神を騙し、人間の中で死を免れることができた唯一の人間だった[29]。そのため、シシュポスは神を愚弄し、死を憎悪し、人生に対する情熱を燃やしたという罪で地獄に落ち､大きな岩を山頂に押し上げるという罰を受けた[30]。しかし、

---

27) Bulfinch, 1948, p. 19; Stuart Curran, "The Political Prometheus," *Studies in Romanticism*, 25:3, Fall 1986. このような解釈は、古代ギリシャの悲劇作家であるアイスキュロス (Aeschylus, BC 525-456) の『縛られたプロメーテウス』(Prometheus Bound) から英国の詩人シェリー (Percy B. Shelly, 1792-1822) の『鎖を解かれたプロメテウス』(Prometheus Unbound)、ドイツの文豪ゲーテ (Johann W. Goethe, 1749-1832) の詩『プロメテウス』(Prometheus) と現代まで受け継がれている。

28) Nardo, 2002, pp. 66-67.

29) 古代ギリシャの詩人ホメロスは、シシュポスが人間の中で最も賢く最も慎重な人だと述べた。Albert Camus, *The Myth of Sisyphus and other essays*, translated by Justin O'Brien, New York: Vintage International, 1991, p. 119. または、次の論文を参照のこと。Kurt Lampe, "Camus and the Myth of Sisyphus," Vanda Zajko and Helena Hoyle, ed., *A Handbook to the Reception of Classical Mythology*, Hoboken, New Jersey: John Wiley & Sons, 2017.

30) Camus, 1991, pp. 120-121.

シシュポスが岩を山頂に押し上げると、神はその岩を再び下に転がり落とし、シシュポスは永遠に岩を押し上げなければならない天刑を受けた。

ノーベル文学賞受賞者であり、小説『異邦人』で有名なアルベール・カミュは、山頂から岩が転がり落ちた後、シシュポスが山の麓に下りる間、しばらく休息を取ることができるため、意識が覚めていると述べた[31]。シシュポスは山を下る道が絶え間ない苦痛に向かう道であることを知りながら下りる。なんて不条理な現実だろうか。しかし、シシュポス、そして、シシュポスに代表される人間は、運命より偉大で岩より強い[32]。人間に成功できるという希望があれば、人生は苦痛ではないだろう。人生の苦痛が永遠に続くとしても、苦痛の永遠性を洞察した人間は、生きていく中で経験しなければならない無限の苦痛を乗り越えて、勝利することができる。シシュポスが神を否定して蔑視し、岩を山頂に押し上げる時の闘争そのものによって苦痛を忘れて幸せになれるように、人間は不条理であるため、自らの苦痛を思い知って神を無視する時、不幸になるのではなく幸せになれる[33]。

永遠の罰を受けた似たようなケースとしてタンタロスがある。タンタロスはゼウスの息子として神々の食事に招待された際、不死の食べ物であるアンブロシアと不死の飲み物であるネクタルを盗んだ[34]。タンタロスは神の許しを請うために息子のペロ

---

31) Camus, 1991, p. 121.

32) Camus, 1991, p. 121.

33) カミュは、シシュポスが神に抵抗して山頂に向かって登る闘争そのものによって幸せであると結論付けている。Camus, 1991, p. 123; Jeffrey Gordon, "The Triumph of Sisyphus," *Philosophy and Literature*, 32:1. April 2008.

34) R. Drew Griffith, "The Mind is Its Own Place: Pindar, Olympian 1.57f," *Greek, Roman and Byzantine Studies*, 27:1, Spring 1986, p. 12.

プスを殺し、いくつかの欠片に切って神に捧げた[35]。タンタロスは息子を食べ物で騙した罪で、地獄の湖に立ち続けなければならない刑罰を受けた。湖の水は彼の顎まで浸かったが、喉が渇いて水を飲もうとすると水が抜けてしまった。木についた梨、ザクロ、リンゴ、甘いイチジクを摘んで食べようとすると、風が吹いてきて彼が届かない高いところへと遠ざかった[36]。

プロメテウス、シシュポス、タンタロスの3人の共通点は、神に抵抗したという点だ。彼らの苦痛は一回限りで終わらず、永遠に続いた。人間は神より劣等な存在であり、神に無条件に服従しなければならない。しかし、彼らは神に絶対的に服従せず、神の意思に反して神だけが持てる秘密を人間に教えた。プロメテウスのように神だけが所有できる火を人間にもたらしたり、シシュポスやタンタロスのように不死の秘密を神から盗んで人間に教えた。これは人間が神の絶対的な権威に挑戦したことであり、神と同格の地位に上がろうとする試みを意味する。神はこれを絶対に許すことができず、神のようになろうとする人間に最も恐ろしい刑罰を与えた。それも数回で終わる一時的な刑罰ではなく、永遠に続く、人間が絶対に抜け出せない刑罰を与えた。

プロメテウス、シシュポス、タンタロスの神話は、永遠の刑罰と絶対的困難にもかかわらず絶えず挑戦する人間不屈の精神、絶対的権威に屈しない抵抗精神を表していると言える。このような抵抗精神によって、ルターは固い守りの中世カトリックに抵抗

---

35) スパルタが位置したギリシャ南部ペロポネソス半島の名前は、まさにタンタロスの息子ペロプスに由来している。ペロプスは父親のタンタロスによって殺されたが、神々の慈悲で生き返る。

36) Bulfinch, 1948, pp. 202-203; https://www.greekmythology.com/Myths/Mortals/Tantalus/tantalus.html 検索日 2016. 7. 10. じらすという意味の英語 tantalize は Tantalus から由来したという。

して宗教改革を起こした。ロックとルソーは、王の絶対的な王権神授説に対抗して民主主義思想を発展させた。人間は不屈の意志と抵抗精神を所有し、あらゆる圧制と独裁に屈することなく、自由と尊厳性を保存する方向に人類の歴史を導いて進んだと考えられる[37]。

2) 総司令官アガメムノンとノブレス・オブリージュ

多くの人々の想像力を刺激したトロイ戦争は、スパルタ王メネラオスの王妃で世界で最も美しい女性であるヘレネを、トロイの王子パリスが奪って起きた戦争だ[38]。ヘロドトスはトロイ戦争が紀元前1250年頃に起こったと推定している[39]。古代ギリシャの詩人ホメロスはこの戦争をもとに、紀元前760～710年の間に『イーリアス』と『オデュッセイア』を執筆した。トロイの昔の名前はイリオス、イリオンで、イーリアスは「トロイの歌」という意味だ。ローマの詩人ウェルギリウス[BC70-BC19]も、陥落したトロイをトロイ戦争の英雄として脱出し、ローマの始祖となったアイネイアスの物語『アエネーイス』を書いた[40]。

スパルタの王メネラオスは妻のヘレネをトロイの王子であるパリスに奪われると、兄のミケーネの王アガメムノンに頼んでギリシャ連合軍を結成し、アガメムノンはギリシャ連合軍の総司令

37) 神話はイデオロギーの象徴性を内包していると言える。Jonathan Hall, "Politics and Greek myth," *The Cambridge Companion to Greek Mythology*, Roger D. Woodard, ed., Cambridge: Cambridge University Press, 2007.

38) Bulfinch, 1948, pp. 229-254.

39) Matthew Maher, "Fall of Troy VII: New Archaeological Interpretations and Considerations," *Totem*, 11, 2002-2003, p. 60.

40) Vergil, *The Aeneid of Virgil*, A verse translated by Rolfe Humphries, New York: Charles Scribner's Sons, 1951.

官になった。アガメムノンはトロイに出港準備をしていた際に重要なミスを一つ犯した。狩猟の女神であるアルテミス女神に捧げられた雄鹿を殺してしまったのだ。女神はギリシャ軍に伝染病をまき散らし、トロイに遠征するギリシャ連合軍が乗船した船舶が出港できないように風を静めた。神託を問うた結果、ギリシャ軍の遠征隊が乗船した船舶が出港できるように風を吹かせるためには、娘を女神に供え物として捧げなくてはならず、供え物となる娘は他ならぬ雄鹿を殺したアガメムノンの娘でなければならないということだった。

アガメムノンはギリシャ軍を出港させるため、やむを得ず神託に応じ、長女イピゲネイアをギリシャで天下無敵の将軍アキレウスと結婚させると妻に嘘をついて、イピゲネイアを戦場に呼び出すことに成功した。神の怒りを鎮めるため、イピゲネイアは神に供え物として捧げられた。すると、風は吹き始め、ギリシャ軍はトロイへと出征できるようになった[41]。神託はこの戦争で最終的にトロイが滅亡すると予言したが、戦争は9年間も続いた[42]。ギリシャのオデュッセウス将軍は戦争を終わらせるため、木馬を作ってその中に隠れ、トロイの人々を騙してトロイ城に入り、トロイを陥落させた[43]。

西洋人がトロイ戦争に興味を持つ理由は、アキレウスやオデュッセウスなどのトロイ戦争の英雄の話に魅了されるからだ。もう一つの理由は、国際政治の側面から東洋と西洋の関係を分析する際、西洋の人々にとって重要な意味を持つからだ。西洋人は、トロイ戦争で西洋に属するギリシャ連合軍が現在のトルコ地域に

---

41) Bulfinch, 1948, pp. 231-232.

42) Bulfinch, 1948, pp. 233-234.

43) Bulfinch, 1948, pp. 247-249.

位置したと推定される東洋のトロイを滅亡させた神話を、国際政治的に東洋に対する西洋の勝利、東洋に対する西洋の優越性と解釈している[44]。しかし、トロイから脱出したアイネイアスが西洋文明の起源であるローマの始祖という点で、むしろ東洋が西洋の元祖であり、東洋が西洋文明の出発点を提供したと解釈できる。

ブルフィンチが述べたように、読者の好奇心はヘレネの運命にあるのかもしれない。ギリシャ神話には、ヘレネがアフロディテの計画によってトロイの王子であるパリスの妻になったが、前夫であるメネラオスへの愛を秘めていたと描写されている。オデュッセウスが変装してトロイの城の中に入った時、ヘレネは彼に気づいたが知らないふりをした。メネラオスはヘレネを許し、ギリシャに連れて来ることにした。しかし、ヘレネはギリシャの数多くの兵士の命を失わせた罪人だったため、神々の怒りを買い、直ちにギリシャに帰還できず、メネラオスのようにキュプロス、フェニキア、エジプトを経て、大きな苦痛を経験した後にスパルタへと戻ることができた。オデュッセウスの息子テレマーカスが父親を探しにスパルタへ来た時、メネラオスとヘレネの娘ハーマイオニーと、アキレウスの息子ネオプトレモスの結婚式が進められていた[45]。

滅亡したトロイの王族はどうなったのだろうか。時代を問わず戦争は残忍で残酷だ。古代ギリシャの詩人エウリピデスが書いた『トロイアの女』では、トロイ戦争で戦死したトロイの王子で

44) エウリピデス Euripides が書いた悲劇『アウリスのイピゲネイア Iphigenia at Aulis』を見ると、古代ギリシャ人はトロイ人を野蛮人だと考えている。Dana Jalbert Stauffer, "Aristotle's Account of the Subjection of Women," *Journal of Politics*, 70:4, October 2008, p. 932.

45) Bulfinch, 1948, pp. 250-251.

あり英雄であるヘクトールの妻アンドロマケは、アキレウスの息子ピュロスネオプトレモスのものとなった[46]。アンドロマケの幼い息子アスティアナックスは、ギリシャ人がトロイの城壁から落として殺した[47]。トロイの姫で予言能力を持っているが誰にも信じられていないカサンドラは、アガメムノンの所有となった[48]。トロイの王プリアモスの妻でありヘクトールの母であるトロイの王妃ヘカベは、オデュッセウスの奴隷になった[49]。

戦争がギリシャ連合軍の勝利で終わり、アガメムノンが故国に帰還すると、夫人クリュタイムネストラは娘イピゲネイアを殺した夫に恨みを抱き、政府とともに夫を殺してしまう。この殺人はまた、アガメムノンの娘エレクトラと息子オレステスの恨みを買い、息子と娘が母親を殺害する悲劇へと突き進むことになる[50]。

アガメムノンが娘を殺したことは家庭の悲劇に帰結するが、この事件の政治的意味はどこにあるのだろうか。アガメムノンが狩猟の女神アルテミスの雄鹿を殺したというのは何を意味するのだろうか。アガメムノンが女神の雌鹿ではなく雄鹿を殺したということは、トロイ戦争に参戦するギリシャ軍人が生きて帰れず戦死する運命だということを象徴するものと考えられる。

アルテミス女神が、自分が大事にしていた雄鹿をアガメムノ

---

46) Euripides, *The Trojan Women*, Digireads.com Publishing, 2012, p. 17, 29, 44. アウリピデスの戯曲ではアキレウスの息子の名前はピュロスと出てくる。

47) Euripides, 2012, pp. 31-34, 44.

48) Euripides, 2012, p. 8, 16.

49) Euripides, 2012, p. 17, 21, 22, 44.

50) Bulfinch, 1948, pp. 251-252; 소포클레스 · 아이스킬로스, 천병희 옮김, 『오이디푸스왕 · 안티고네 외』, 서울 : 문예출판사, 2016, pp. 7-200. (ソポクレス · アイスキュロス, チョン·ビョンヒ訳, 『オイディプス王 · アンティゴネ他』, ソウル : 文芸出版社, 2016, pp. 7-200.)

ンが殺したから娘を捧げろと要求したのは、女神の声を借りてギリシャ軍の意見を代弁したものと推定できる。神話を見ると、神の意思や神託、預言者の予言、幼い子供たちの間に広がった童謡、人々の間に広がった歌などは、神や預言者の口を借りて国民の意思を表す場合が多い。このような例は古代ギリシャ・ローマ神話だけでなく、他の地域の神話にも多く現れる。東洋では天の意思である天命を借りて国民の意思を表した。

なぜ、ギリシャの兵士たちは神の意思を借りて、アガメムノンに娘を殺すように要求したのだろうか。なぜ風は吹かず、ギリシャ軍は海の向こうのトロイに向かって出征できなかったのだろうか。ギリシャ連合軍総司令官として最高指導者であるアガメムノンが娘を殺した後、風が吹いてギリシャ軍が戦争に出征できたというのはどういう意味だろうか。

昔も今も戦争が起こった際、戦争に徴集されて軍人として参加し、命を失う階層は、大部分が力がない貧しい民たちだ。支配階層や富裕層の子女たちは権力と富を利用して、戦争で命を失いかねない軍隊徴集を避けたり、徴集されたとしても安全な後方で兵役義務を履行する。むろん、兵士の中には戦争に参加することを自ら望んで参加する人もいるだろう。しかし、ほとんどの兵士は通常、農業をするなどの生業に従事しており、戦争が起これば国家によって強制的に徴集され戦争に参加する。年老いた両親と愛する妻子を故郷に残し、生きて帰ることを約束できない旅に出たのだろう。

支配層の子供たちは軍隊に行かず、貧しい一般庶民の子供たちだけが軍人として徴集されて死ぬかもしれない戦闘に参加しているのに、一般兵士たちの間に「力のない私たちだけが、なぜ死ななければならないのか」という不満が生じるのは当然のことだ。戦争に参加する兵士たちは、自分の命を失うかもしれないという大きな恐れを持って戦争に参加するからだ。したがって、軍人の士気も高まったことはないだろう。そのため、平民たちは、支配階層も子供たちを国家のために犠牲にさせることができるという率先垂範を見せることを望む。支配層が率先垂範できないのに、一般兵士が戦争に積極的に参加して、命をかけて戦闘に臨むだろうか。

以上のことから、ギリシャ軍が出港するのに必要な風が吹かなかったということは、ギリシャ軍がトロイとの戦争に命をかけて戦う意思がないことを意味する。アルテミス女神が怒りを晴らすため、ただの女性ではなく、指導者であるアガメムノンの娘を捧げるように言ったのは、支配者たちも国民と同様、自分たちの子供を犠牲にする覚悟ができていることを兵士たちに証明してほしいという要求であると解釈しなければならない。結局、アガメムノンは指導者としての率先垂範を見せるため、自分が一番愛する長女であるイピゲネイアを神に捧げる供え物という名分で殺さざるを得なかったのだ。指導者が自分の子の命を犠牲にする率先垂範を見せると、一般兵士たちも指導者の命令に服従して戦おうとする意志が芽生えるのだ。ギリシャ・ローマ神話は、軍人たちの戦おうとする意志が燃え始めたことを、ギリシャ艦隊が出港できるように風が吹いたと象徴的に表現している。

アガメムノンと供え物として捧げられた彼の娘イピゲネイアの神話は結局、指導者が国民を治めるために指導層の率先垂範、ノブレス・オブリージュが必須だという点を教えている。支配層が国家に献身し、道徳的義務を履行する時、国民も国家のために命を惜しまない愛国心を示すことができる。

短い期間に経済発展と産業化に成功した韓国には、突然富裕層に成長して支配階層に上がった人々が多い。ところが、彼らから公共意識と責任感を見出すのが難しいため、社会の不平等と緊張を誘発する場合が多い。短期間で経済的に上位階層に上がった人々は、自分の物質的な豊かさにふさわしい高い水準の道徳意識を持たなければならない。

チョ・ヨンホンが書いた『チョ・ヨンホンの名門家』を見ると、韓国の名門家には一般の人々が羨む財閥が含まれていない[51]。『チョ・ヨンホンの名門家』には、祖国が日本に侵略されると安楽な生活を喜んで諦め、莫大な全財産を処分した後、満州に移住して死の危険を冒して独立運動に身を投じた李會栄（イ・フェヨン）と李始栄（イ・シヨン）兄弟の家や、韓国の古美術品を買い入れるのに多くの財産を惜しみなく処分し、文化財の海外流出を防止して伝統文化保存の先頭に立った全鎣弼（チョン・ヒョンピル）の家などが韓国の名門家として収録されている。これは一般の人々の常識とは異なる。現代の資本主義社会で人々が羨む階層は、財閥と裕福に暮らす人々ではないか。なぜ、チョ・ヨンホンは彼らを名門家に挙げなかったのか。その理由は、韓国の財閥や富裕層が道徳的に模範を示さなかったからだ。韓国社会を発展させるため、アガメムノンの例からもわかるように、支配階層の犠牲と道徳的模範、ノブレス・オブリージュの発揮が切実に求められる。

3) プロクルステスの寝台と独裁政治

プロクルステスは古代ギリシャの泥棒で、海の神ポセイドンの息子だ。彼の名前は「伸ばす人」という意味を持っている。プ

51) 조용헌,『조용헌의 명문가』, 서울 : 랜덤하우스, 2009.（チョ·ヨンホン,『チョ·ヨンホンの名門家』, ソウル : ランダムハウス, 2009)

ロクルステスの家には鉄の寝台があった。人々が通りかかると、自分の家に連れて来て寝台に寝かせ、その人がプロクルステスの寝台より長ければ切って殺し、寝台より短ければ伸ばして殺した。プロクルステスはギリシャ神話のテセウスの冒険の最後の冒険に出てくる人物だ。テセウスはギリシャ神話でアテネを設立した指導者として崇められている人物だが、勇猛で賢く、正義のある指導者を代表するイメージで描かれている[52]。テセウスはプロクルステスと同じ方法でプロクルステスの頭を切って殺した[53]。

ブルフィンチはプロクルステスの話に半ページ程度しか割いておらず、あまり重要に扱っていない。しかし、このエピソードは政治学者たちに多くの刺激を与えたのか、プロクルステスと彼の寝台は独裁者を象徴する時に使われる。国民の意思をよそに支配者が勝手に政治をする時、プロクルステスの寝台のようだと表現する。英語で書かれた政治学の書籍を読むと、独裁という言葉の代わりに、何の説明もなしにプロクルステスのベッドと表現されている。西洋人は学識の豊かさを誇示するため、ギリシャ・ローマ神話を好んで引用する。したがって、西洋の学問と思想を理解するためには、西洋文明の起源となる古代ギリシャ・ローマ神話に対する知識と理解が欠かせない。

アメリカのバークレー大学政治学科教授であるダスグプタ Jyotindra Das Gupta は、第三世界の独裁者が支配する時代を言及する際、ローマ時代の偉大な将軍であり政治家だったカエサルの名前を取って「カエサルの季節 Seasons of Caesars」と称した[54]。ローマ貴族と元老院の議員たちは、カエサルが現在のフランス地域である

52) Hall, 2007, p. 345.

53) Bulfinch, 1948, p. 166.

54) Jyotindra Das Gupta, "A Seasons of Caesars," *Asian Survey*, 18:4, April 1978.

ガリア地方を征服してローマに帰国した後、共和政をなくして独裁政治を実施することを恐れ、イタリア北部にあるルビコン川を渡る前に軍隊を解散するよう命令した。この命令はカエサルだけでなく、ローマの他の将軍たちにも当てはまる原則だった。カエサルはルビコン川を前にして軍隊を解散するか、それとも軍隊を率いてローマに入るか悩んだ。軍隊を解散してローマに入れば殺される恐れがあるため、カエサルは軍隊を解散せず、軍隊を率いてローマに入ることを決める[55]。これに由来して、後戻りのできない決定を下したという時、カエサルが言った言葉に基づいて「賽はは投げられた」または「ルビコン川を渡った」と言う。カエサルはローマに戻り、永久独裁官となった。このような所以でカエサルは独裁者と同一視される[56]。

カエサルは、ローマの共和政を破壊するのではないかと心配した元老院貴族によって暗殺されてしまう。カエサルの暗殺にはカエサルが大事にしていたブルータスも加担しており、ここで「ブルータス、お前もか[57]」というカエサルの有名な叫びが聞かれる。カエサルが暗殺された後、アントニウスとブルータスの間で権力争いが繰り広げられるが、この歴史的場面を描写した文学作品がシェイクスピアの『ジュリアス・シーザー』だ。

カエサルが暗殺された後、ブルータスとアントニウスは広場にローマ市民を集め、カエサルの暗殺についての論争を繰り広げる。ローマ市民は一日の仕事を終えて夕方広場に集まり、カエサ

55) Phillip Barlag, *The Leadership Genius of Julius Caesar: Modern Lesseons from the Man Who Built an Empire*, Oakland, Cal.: Berrett-Koehler, 2016, p. 54.

56) グラムシは Caesarism と命名した。Antonio Gramsci, *Prison Notebooks*, New York: Internaitonal Publishers, 1971, p. 219.

57) William Shakespeare, *Julius Caesar*, edited by J. H. Walter, London: Heinemann Education Books, 1962, p. 111.

ル暗殺に関するブルータスとアントニウスの演説を聞いて、誰を後継者にするかを決めようとする。ブルータスが先にスピーチを始めた。ブルータスはローマ市民の理性に訴え、「自分はカエサルを愛しているが、カエサル以上にローマを愛している。皇帝が支配する独裁国家にローマが変質するのを防いで共和政を守るには、カエサルを殺すしかなかった」と熱弁をふるう[58]。ローマ市民はブルータスの理性的な演説に感動し、ブルータスが正しいと叫ぶ。政治権力はすぐにブルータスに引き継がれるように見えた。

ブルータスの次にアントニウスが登場してローマ市民に演説をするが、アントニウスはブルータスと違って感情に訴える演説をする。アントニウスはカエサルが暗殺された時に着ていた血のついた服を持ってきて、ローマ市民の感情に訴える。ちょうど薄暗い夕方になり、人々の理性は消え、群衆は感情の支配を受け始める。アントニウスはカエサルの遺言状を公開し、カエサルが死んだら遺産をローマ市民に分配しろと言ったとし、カエサルがどれほどローマ市民を愛したかを前面に出す[59]。アントニウスはカエサルを殺したブルータスを、ローマ市民全体の反逆者だと責め立てる[60]。

カエサルの血がついた服とアントニウスの感情に訴える演説を聞いたローマ市民たちは極度に興奮し、「ブルータス売国奴、ブルータス殺せ」と叫びながらブルータスの家に押しかける。ブルータスは怒った群衆から逃走した。ブルータスは後に共和政を

58) Shakespeare, 1962, pp. 127-128.

59) カエサルが国民に仕えるリーダーシップを見せたと主張する学者もいれば、逆に国民の人気を得るために迎合する populist と評価する学者もいる。

60) Shakespeare, 1962, pp. 131-143.

維持しようとしたが失敗し、自殺で生涯の幕を閉じる。ブルータスの年齢は43歳だった。ローマにはブルータスとアントニウスが演説したという場所がまだ保存されている[61]。

ブルータスは、カエサルを殺害すれば独裁を終わらせ、共和政をもたらすことができると信じていた。しかし、皮肉なことにローマの政治はカエサルの死後、カエサルの独裁政治よりも絶対的な権力を所有し、尊厳者という意味のアウグストゥスの称号を受けたオクタヴィアヌスの皇帝政治につながる結果を生んでしまった。

上で見られるように、政治指導者が国民を効果的に支配する手段には理性と感情がある。政治指導者は権力を維持するために一つだけを利用しては権力を維持できず、二つを適切に混ぜて使用しなければならない。しかし、普通の独裁者は国民の感情的側面に訴える場合が多く、国民は独裁者の感情的訴えによく騙される傾向がある。

4) エウリュディケとオルフェウス:過去を振り返るな

エウリュディケとオルフェウスは古代ギリシャ神話に出てくる夫婦だ。オルフェウスは音楽の神アポロンの息子で、ハープによく乗る。エウリュディケは美貌に優れ、多くの男性の羨望の的となった。ある日、エウリュディケが散歩に出かけたが、羊飼いが彼女の美貌に惚れてついて来たため、エウリュディケはとっさに逃げ出し、事故で死んでしまった。オルフェウスは悲しみに暮れ、飲食もせずにハープだけを弾く生活をしていたが、死の神ハ

---

61) ブルータスとアントニウスの演説が権力の勝敗を決定したと見る見方は、次の論文を参照のこと。Philip Goldfarb Styrt, ""Continual Factions": Politics, Friendship, and History in *Julius Caesar*", *Shakespeare Quarterly*, 66:3, Fall 2015.

デスを探しに行くことを決心する[62]。オルフェウスの愛に感動したハデスは、エウリュディケを生かすことにし、オルフェウスと共に地上に戻ることを許す。しかし、一つの条件があり、地上に到達するまで絶対に振り返ってはならないということだった。

オルフェウスが先頭に立ち、エウリュディケは後をついて行く。地上がもうすぐという時、オルフェウスはエウリュディケがついて来ているかどうしても気になり、つい後ろを振り返ってしまったため、エウリュディケは再び冥府に戻ることになる[63]。愛するエウリュディケを失ったオルフェウスは正気を失い、地上に戻る。他の女性たちには見向きもせず、エウリュディケを懐かしがり、ハープだけを弾きながら日々を過ごす。すると、バッカス祭の日に、美男であるオルフェウスを羨望する女性たちが、女性たちを馬鹿にするオルフェウスを恨んで殺してしまう[64]。

オルフェウスは夢にまで描いたエウリュディケを死の世界から蘇らせ、地上の世界に連れて来ることができたが、最後の瞬間にタブーを破って振り返ったため、エウリュディケを逃すことになる。

過去を振り返って失敗したケースは、人本主義的な古代ギリシャ・ローマ神話とは反対に神本主義を強調する聖書にも現れる。ソドムとゴモラに関する逸話だ[65]。アブラハムの甥である

62) Bulfinch, 1948, p. 201.

63) Bulfinch, 1948, p. 202.

64) Bulfinch, 1948, p. 203. オルフェウスの神話はフェミニズム神話として新しく解釈されることもある。オルフェウスが他の女性に関心を持たないことを女性嫌悪症 (misogyny) と解釈し、女性がバッカス祭りでオルフェウスを殺すことを、女性が男性の運命を主導するフェミニズムと解釈する。Genevieve Liveley, “Orpheus and Eurydice,” Vanda Zajko and Helena Hoyle, ed., *A Handbook to the Reception of Classical Mythology*, John Wiley & Sons, 2017.

65)『성경』(『聖書』), 2005, 創世記 18:20-19:29, pp. 22-24.

ロトは、望みどおりの住みやすい地域を選び、ソドムに移住した[66]。ところがソドムは神を敬拝せず、世俗的な悪で沸き立つ都市だった。神はライオンを送ってソドムを滅ぼそうとした。アブラハムは、ソドムにも義理堅い人がいるはずだから正しい者を探して来ると言い、ソドムを滅ぼすのを遅らせてほしいと懇願する。神はソドムに正しい者が 50 人いれば滅ぼさないと約束する。しかし、アブラハムは 50 人見つけることに失敗し、再び神のところに行って、正しい者 10 人を探してくるのでソドムを赦してほしいと訴える。神は正しい者を 10 人探して来いとアブラハムを送るが、アブラハムはソドムで 10 人も見つけられず、結局ソドムは滅亡することになる。

ソドムが硫黄に燃えて滅亡する前に、甥のロトとその家族を脱出させるため、神はロトと妻に絶対に後ろを振り返るなと要請する。ソドムを抜けるロトと彼の妻。ところが、ロトの妻はソドムがどうしても気になり、後ろを振り返ってしまったため[67]、塩柱になってしまう[68]。

エウリュディケとオルフェウスの神話で後ろを振り返るなというのはどのような意味を含んでいるのだろうか。普通の人々は生きていく中で、先を見通すよりは過去を回想することが多い。過去を振り返るからといって、一度過ぎ去った過去を直すこ

66) 『성경』(『聖書』), 2005, 創世記 13:11, p. 16.

67) 後ろを振り返る行為は堕落した都市を懐かしむことを意味するので、塩柱になったと解釈する。Martin Harries, *Forgetting Lot's Wife: On Destructive Spectatorship*, New York: Fordham University Press, 2007, p. 11.

68) 塩は破壊された都市を意味する。Harries, 2007, p. 4; パンドラやオルフェウス、ロトの妻と同様、人間はタブーを破りたい気持ちが強い。Jan Bremmer, *Greek Religion and Culture, the Bible and the Ancient Near East*, Boston: Brill, 2009, p. 126.

とはできない。もちろん過去を振り返ることで、過去に犯した過ちを反省し、今後同じ過ちを繰り返さなくなることもある。しかし、未来に対するビジョンを提示しない過去への回帰はあまり役に立たない。過去だけを振り返っていると、未来への備えがどうしても疎かになりやすい。エウリュディケとオルフェウスの神話は、過去のことに拘ったり執着してはならず、過去のことはきれいに忘れてこれからの未来に迷わず進めば、成功裏に達成でき、発展できるというメッセージが込められている。

エウリュディケとオルフェウスの物語は、1762年にドイツの作曲家クリストフ・ヴィリバルト・グルックによってオペラ化された。今もオペラ『オルフェオとエウリディーチェ』は全世界で公演されている。特に、冥府から地上に戻る直前、オルフェウスが死の神ハデスの命令を破って後ろを振り返ったため、エウリュディケを失うことになり、悲嘆に暮れて歌う「エウリディーチェを失って」は、今も多くの人々に愛されている。

5) プシュケ神話とシンデレラ神話：男女不平等理論の再評価[69]

男女差別を正当化する口実として最も多く引用される根拠は、女性の自然的本性[nature]が男性の自然的本性と根本的に異なるという主張だ。多くの性差別主義者は、女性は男性と違って生まれた時から理性的に思考する能力が足りず、判断力と分別力がなく、依存的で自立心がなく、感情的で服従指向的だと主張した。一方、男性は理性的かつ分析的で判断力に優れており、独立的で、

69) この部分はジン·ミギョンの拙稿、“남녀 불평등 이론의 재조명과 페미니즘,” 이범준 외,『21세기 정치와 여성』, 서울: 나남, 1998, pp. 201-206 (「男女不平等理論の再評価とフェミニズム」イ· ボムジュン他,『21世紀の政治と女性』, ソウル：ナナム, 1998, pp. 201-206) を修正して掲載したものである。

感情を節制することができ、権力志向的だと主張した。

この論旨を裏付ける根拠として、生理学者たちは、女性の脳が男性の脳より小さいため、女性の知的能力が男性より劣るという理論を示した[70]。女性の脳は知性的になるには小さすぎるが、家事をするには十分大きいということだ[71]。脳は思考力と精神を代表する身体部分であるため、脳の大きさを比較することで男性の女性支配を当然視しようと試みた。しかし、脳の大きさが理性的な能力とは何の関係もないことが明らかになった。ジョン・スチュアート・ミル John Stuart Mill が洞察力をもって指摘したように、象と鯨の脳は男性の脳よりはるかに大きい[72]。

すると、性差別論者たちは、女性は染色体やホルモン、身体的な部分などの生理的な特性の面で男性と全く異なり、生理的な違いは知的な違いとして現れるため、性差別は当然だと主張した。明らかに男女は身体的に違う部分を持っている。しかし、生理的な違いが能力や社会的役割の違いとして現れることはない。自然的なように見える性差も、文化的要素によって深く形成されることがある。

原始社会の三つの部族を研究した人類学者マーガレット・ミードによると、アラペシュ Arapesh 族の男女は全て女性的な特性を示し、ムンドグモール Mundugumor 族の男女は全て男性的な特性

---

70) 代表的に、フランスの外科医師であり解剖学者、人類学者であった Paul Broca (1824-1880) と、その理論に従う Emile Durkeim, Gustav Le Bon などの学者たちだ。Charles Sowerwine, "Woman's Brain, Man's Brain: feminism and anthropology in late nineteenth-century France," *Women's History Review*, 12:2, 2003.

71) 안한숙, "성과 뇌," 『현대사회의 여성과 남성』, 수원 : 아주대학교 출판부, 1992, p. 13. (アン・ハンスク, 「性と脳」『現代社会の女性と男性』, 水原 : 亜洲大学出版部, 1992, p. 13.)

72) John Stuart Mill, *The Subjection of Women*, Cambridge: MIT Press, 1985, p. 64.

を示し、チャンブリ Tschambuli 族は女性が男性的な特性を、男性が女性的な特性を示したという[73]。それにもかかわらず、人類の歴史で男性と女性が生まれつき異なる特質を持って生まれたと強調することで、男女差別を正当化しようとする試みが継続的に現れた。

女性の男性への依存性を表す代表的な文学作品は、恐らくシンデレラ物語だろう。女性の男性への依存性を象徴する物語はシンデレラだけではない。幼い頃から我々が童話で聞き慣れた白雪姫や眠れる森の美女などは、シンデレラと同様、女性の男性に対する依存性、女性の無能力、男性の完璧なイメージなどを表している。しかし、シンデレラ物語は、女性の男性に対する依存性と男性を通じた女性の自我発見、女性の身分上昇の夢などを表す数多くの似たような物語の中でも、シンデレラコンプレックスという言葉を作り出すほど女性の否定的なイメージを創造する代表的な物語だ。シンデレラ物語の根源となる古代ギリシャ・ローマ神話の『プシュケとエロスの神話』を覗いてみると、女性が持って生まれた自然的本性と女性のイメージがどれほど歪曲されたかがわかる。

トマス・ブルフィンチ Thomas Burfinch が編集した古代ギリシャ・ローマ神話に出てくるエロスとプシュケの神話を見ると、シンデレラはプシュケからインスピレーションを得て創造された人物であることがわかる[74]。プシュケの話を見ると、昔ある国の王と

73) Rosemary Tong, *Feminist Thought: A Comprehensive Introduction*, Boulder: Westview Press, 1989, p. 4.

74) シンデレラ物語は全世界的に民間で伝わってきた物語で、欧州だけでも500種余りのバリエーションがある。特に、シンデレラが落としたガラスの靴でシンデレラを探す話は、シャルル·ペロー (Charles Perraults) が1697年に編纂し

王妃に 3 人の娘がいたが、末娘であるプシュケの姿があまりにも美しく、この世の乏しい言語では到底その美しさを全て表現できないほどだったという。

プシュケは美の女神であるアフロディテ[エロスの母親]に憎まれるようになり、その罰として高い山にいる怪物と結婚するよう運命づけられた[75]。プシュケは神託が下した自分の運命に従い、誰かも知らない怪物と結婚することになった。夫は真夜中に入ってきて夜が明ける前に出て行ってしまい、プシュケは夫の姿を見たことがないが、夫の言葉はいつも優しく愛で溢れていたため、プシュケの心にも同じ感情を呼び起こすのに十分だった。プシュケが住むようになった山の宮殿はとても豊かで豪華だった。

プシュケの二人の姉はシンデレラの意地悪な二人の姉のように、プシュケが華やかに暮らしていることに嫉妬し、プシュケに夫が姿を見せないのを見ると怪物に違いないと言い、夫が眠っている間に殺してしまえと煽る。プシュケは姉たちにそそのかされ、夫が眠っている間に夫の姿を見ると、誤って夫であるエロスを起こしてしまう[76]。エロスは疑いの気持ちがある限り、愛は成り立たないと言い、プシュケを捨てて去る。

プシュケはエロスを探し回る。その過程で、エロスの母親であるアフロディテは、シンデレラに継母が大変なことをさせるよ

た童話集の中に初めて現れる。*Merriam Webster's Encyclopedia of Literature*, Springfield: Merriam-Webster, 1995, p. 245.

75) ギリシャ語の kedoss は結婚と災いの意味を同時に持っている。

76) プシュケがエロスの姿を確認しようとする場面は、プシュケが存在も知らない夫に無条件に服従する状態から抜け出し、夫の顔を確認するだけでなく、女性の主体性を探す試みと解釈される。Susan C. Roberts, "Still Working on Psyche's Last Task: A Second-Wave Feminist Looks Back on Her Past in Light of the #MeToo Movement," *Psychological Perspectives*, 62:1, January 2019, p. 94.

うに、無理難題を課す。まず、夕方になる前までに神殿の穀物倉庫にある莫大な量の小麦と麦、黍、豆などを種類別に一粒も残さず選り分け、山積みにするように言う。この仕事は人間の力では到底やり遂げられない不可能な仕事だが、プシュケはアリの助けで終わらせる。

次に、群れをなす無数の羊の黄金色の毛を一つも残さず持って来いという命令を下すが、プシュケは川の神と葦の助けを受けて仕事を終える。三つ目に、アフロディテはプシュケに箱を持って冥府に降り、冥府の王妃ペルセポネから化粧品を少し受け取って来るように頼む。プシュケはもう死ぬ運命にあったが、今回も神々の助けで無事任務を遂行した後、地上に戻ることになる。しかし、プシュケは好奇心に勝てず、箱を開けてしまい、箱の中にある死の眠りに落ちて死ぬことになる。エロスはプシュケをかわいそうに思い、ゼウスに懇願してプシュケを神にし[77]、二人は永遠の夫婦となる。プシュケとエロスは娘を産んだが、名前は喜びである[78]。これは多くの苦難と不運を体験した後、苦難が純化されて真の喜びを享受することを意味する[79]。

ここまで見てきたのがプシュケとエロスの話である。もちろん文学作品は作家の想像力が介入するため、シンデレラとプシュ

---

77) 古代神話では女神は女性の解放された精神を象徴する。Camille Paglia, “Erich Neumann: Theorist of the Great Mother,” https://www.bu.edu/arion/files/2010/03/Paglia-Great-Mother1.pdf 検索日 2022. 4. 12.

78) Bulfinch, 1948, pp. 89-99; Albert, F. Reddy, “Till We Have Faces: “An Epistle to the Greeks”,” *Scholarly Journal*, 13:3, Spring 1980, p. 160.

79) Robert A. Johnson はプシュケの娘の名前が喜びである理由は、女性が自我を発見し、女性意識が最高段階に達して女神だと感じ、嬉しいからだと解釈する。Robert A. Johnson, *She: Understanding Feminine Psychology*, New York: HarperPerennial, 2020, ch. 13.

ケの話が細かい部分まで正確に一致するわけではない。しかし、我々はプシュケの神話を読みながら、西欧文学の多くの作品が古代ギリシャ・ローマ神話からそのモデルを借りてきたように、シンデレラ物語もプシュケの神話を変形したものであることがわかる。シンデレラの意地悪な継母はアフロディテに該当し、シンデレラの悪い姉はプシュケの嫉妬深い姉たちだ。また、アフロディテがプシュケに人間の能力ではできない不可能なことを強要し、その度にプシュケが神々と色々な生物の助けを受けて危機を免れるのも、シンデレラの話とほとんど同じだ[80]。

古代ギリシャ・ローマ神話からシンデレラのモデルになった女性プシュケは、ギリシャ語で精神という意味を持つ。プシュケは精神と魂を代表する人物であるのに対し、男性であるエロスは肉体と性欲を代表する人物だ。プシュケの神話からもわかるように、もともと人類社会の初期には女性がむしろ思考する能力を備えていると認識され、男性は理性的な能力がなく、肉体的な属性を持つ存在と理解されていた。したがって、女性が男性に比べて思考する能力に恵まれていないという主張は、西洋社会の価値観の土台となるギリシャ・ローマ神話に照らしてみると、説得力が弱い。しかし、どういう訳か、後世の歪曲によって男女の役割と能力が完全に入れ替わる現象が現れ、男性の知的優越性と女性の知的劣等感は固定されて現在まで伝えられている。

女性と男性の自然的本性が歪曲されたという筆者の主張は、エロスの成長と関連した神話からも裏付けられる。エロスはずっと子供のままで、それ以上成長していない。アフロディテは心配

---

80) ドイツ出身の哲学者であり医師、心理学者、神話学者の Erich Neumann は、プシュケが姑のアフロディテに受けた苦難を克服していく過程を、女性の自我探し (feminine individuation) と解釈している。Reddy, 1980, p. 161.

になり、法の女神であるテミスに尋ねたところ、弟ができれば育つと言われて弟を産んだ。その後、エロスは急に背が伸びて力も強くなった[81]。エロスが成長せず、子供の状態に留まっているという神話は、男性はもともと肉体的、精神的に成熟できず、子供のような状態に留まっているため、他人の保護を必要とするという点を象徴していると解釈できる。したがって、性差別主義者が主張するように、女性が依存的で独立的でないため男性の保護を受けなければならないのではなく、むしろ男性が女性の保護を必要とすることがわかる。西洋でも男性が依存的だという事実は、ママボーイという単語はあってもパパガールという単語はないという事実から証明される。

プシュケとエロスの結合は、男性は肉体的属性だけを持っているため、理性的に思考できる精神的能力を持つ女性のプシュケと結合すると、完全で成熟した大人っぽい人間になることを象徴する。もちろん、ギリシャ・ローマ神話が事実かどうかという疑問が提起され得るが、重要なことは事実かどうかではなく、当時ギリシャ・ローマ人が人間に対して持っていた考えや人間の熱望、人間の群像を神話に置き換えたという点だ。ギリシャ・ローマ神話の神はキリスト教の神と違って全知全能の神ではなく、人間のように愛し合い、憎み、嫉妬する姿を持つ神である。ギリシャ・ローマ神話の神は、神が人間を創造したのではなく、人間が神を創造し、人間の姿をそのまま神に投影した姿だ。したがって、ギリシャ・ローマ神話から男女の自然的本性を十分に推定することができる。

プシュケとエロスの神話からもう一つ類推できるのは、夫婦

81) Bulfinch, 1948, pp. 6-7.

関係に関することだ。アリストテレス以来、性差別主義者たちは男性が女性より多くの面で優れているため、女性は男性に絶対的に服従しなければならないと主張しているが、これも歪曲された現象であることがわかる。夫の姿を見たがるプシュケに、エロスは「あなたが私の姿を見れば、おそらく私を畏れたり崇めたりするだろう。私が望む唯一のことはそれではなく、ただあなたの愛だけだ。私は神として仕えられるより、同じ人間として愛されることを願う」と話す[82]。

エロスの言及は、夫婦間の関係が男性優越論者が主張するような不平等で垂直的な関係ではなく、愛で構成され、愛に基づいた対等な関係でなければならないことを力説している。ここで特に注目すべき点は、エロスは人間ではなく神であるにもかかわらず、プシュケに同等の愛と夫婦関係を要求しているという点だ。神と人間の関係がこのように平等な関係なのに、まして同じ人間である男と女の間に主従関係を強要するのは非合理的だ。夫は尊敬や恐怖の対象ではない。男性の神が女性の人間に平等な関係を望んだように、今や人間の男性が神の権威を借りて妻に要求する父権神授説は否定されなければならない。以上のことから、中世キリスト教に対抗して人間の解放と人間性の復活を掲げたルネサンス運動が、古代ギリシャ・ローマ神話の精神に戻ることを標榜したように、男女不平等の認識も古代ギリシャ・ローマ神話の精神を振り返る必要がある。

82) Bulfinch, 1948, p. 92.

02 プラトンと理想主義の政治思想

1) プラトンの理想国家論

プラトンは紀元前5世紀に古代ギリシャのアテネに住んでいた。全ての学問がプラトンによって始まったと言っても過言ではない。天才と呼んでもかまわないほど彼の思想は独創的で多様であり、プラトンは政治学だけでなく哲学、論理学、教育学、数学、物理学、天文学、女性学など、全ての学問の基礎を提供した。ここではプラトンの政治思想を主に見ていこうと思う。ある思想家が特定の思想を持つまでの過程を理解するためには、その人が生きていた時代的背景を理解することが必要だ。政治思想家は自身が生きていた政治や社会的状況から不可分の影響を受け、自身が作り出した政治思想もやはり逆に社会全体に多くの影響を及ぼす。

プラトンの政治思想は、彼の生涯で起こったペロポネソス戦争から大きな影響を受けた。プラトンの母国アテネは当時、古代ギリシャの都市国家のうち最も裕福で強力な国家の一つだった。ところが、アテネが海上に進出し、もう一つの強力な国家だったスパルタと地中海の海上権をめぐって激突することになる。これがペロポネソス戦争だ。

ペロポネソス Peloponnesos はペロプスの島という意味で、古代ギリシャ神話の英雄であるペロプス pelops と、島を意味するネソス nesos が合わさってできた単語であり、ギリシャ南部の半島地域を指す[83]。ペロポネソス戦争は紀元前431年に始まり、紀元前404年に終わった、ほぼ30年に及ぶ戦争だ。プラトンが紀元前427年に生まれたため、プラトンが生まれた時はこの戦争がすでに進行中であり、プラトンは20代初期までこの戦争の影響下で暮らしていた。

戦争初期にはプラトンの母国であるアテネが優勢だったが、戦争が長引くにつれ、特に、アテネが輩出した傑出した指導者であるペリクレスの死亡後、アテネの力はますます弱くなり、スパルタが勝利することとなる。スパルタは戦争に勝利したが、戦争による国力の衰退を経験する。ペロポネソス戦争は結局、古代ギリシャの都市国家全体の没落を招き、アレクサンドロス大王の父であるマケドニアのピリッポス2世に征服され、古代ギリシャの都市国家の文明は幕を閉じることになる。

プラトンは、古代ギリシャで最も裕福だったアテネが没落したことに衝撃を受け、どうすればより良い国家を作ることができるかを研究し始めた。プラトンは、アテネが滅亡したのは愚かな多数の大衆が支配する民主主義によって統治されたためだと考えた。したがって、国家を富強にするためには、プラトンのように物事の絶対的真理を悟ることができる賢明な少数の哲学者が支配者にならなければならないと主張した。ここで有名なプラト

83) ペロプスはタンタロスの息子である。P.27のタンタロス部分を参照のこと。Gregory Nagy, 2021.04.10. "Envisioning Aphrodite inside the living wood of a myrtle tree." *Classical Inquiries*. http://nrs.harvard.edu/urn-3:hul.eresource:Classical_Inquiries 検索日 2022. 6. 4. 上記の資料はハーバード大学ヘレニック研究所が運営するオンライン論文資料で、資料出典表記は研究所の指針に従った。

ンの哲人王理論が出てくる。

プラトンは実際に自分の哲人王理論を現実政治で実践するため、シシリーの君主を訪問した。しかし、シシリーの君主はプラトンの思想を理解できず、プラトンはむしろ捕まり、奴隷生活をすることになる[84]。故国アテネに戻ったプラトンは哲人王理論の実践を諦め、アカデメイアという学校を設立し、一般大衆を教育することに情熱を注ぐ。アリストテレスはプラトンの名声を聞き、アカデメイアに来て学ぶことになる。

プラトンとアリストテレスのバックグラウンドを挙げ、プラトンは貴族出身だったため哲人王が支配する君主国を好み、アリストテレスは父親が中産階級出身の医師だったため民主主義を好んだと解釈することもある。当時は医師が支配階層ではなく中産階級だった。プラトンは貴族の家出身で、アテネがペロポネソス戦争で敗れた後、30 人による寡頭政治が行われた時、プラトンの母方の叔父と甥が 30 人の寡頭に含まれていた。プラトンの父は古代ギリシャ・アテネの伝説で最後の王コドロスの末裔だと主張した[85]。プラトンの母系は紀元前 6 世紀アテネの民主的改革家で法治精神を確立したソロン家と近く、プラトンの母が再婚した人はペリクレスと友人で貴族出身だった[86]。

プラトンの哲人王思想は、当時の古代ギリシャの自然哲学思想であった自然法思想から深く影響を受けた。自然世界には、時代と場所を問わず、万物を支配する絶対に変わらない絶対的法則

84) George H. Sabine, *A History of Political Theory,* revised by Thomas Landon Thorson, Illinois: Dryden Press, 1973, pp. 50-51.

85) George Klosko, *The Development of Plato's Political Theory*, London: Oxford University Press, 2007, p. 11.

86) C. D. C. Reeve, "Plato," in Robert L. Arrington ed., *The World's Great Philosophers*, Malden, MA.: Blackwell, 2003, p. 240.

absolute truth がある[87]。太陽はいつも東から昇って西に沈み、春が来れば次は必ず夏が来て、夏が過ぎれば必ず秋が来て、秋が過ぎれば必ず冬が来る。このような絶対的な自然法則は古代や現代でも変わらず常に守られており、東洋や西洋でも常に守られている。プラトンは人間が集まって暮らす社会と国家でも、自然世界の法則のように絶対に変わらず、絶対的に正しい国家の姿があると推定し、これを探そうと努力した。

人間の本性は時代によって変わることなく常に同じで、プラトンが住む古代ギリシャでも、現代と同様、一国内で様々な要因による政治的、経済的、社会的に深刻な葛藤が存在していた。プラトンはこの中でも、経済的葛藤が国家を分裂させる最も大きな要因だという考えを示した。貧富の差によって、あるいは階級によって、ある人々はある形態の国家が本当に良い形態だと主張し、別の人々は他の形態の国家が最も良い国家だと主張した。言い換えれば、金持ちは少数の金持ちが支配する寡頭制が最も良い国家で、貧しい人々は多数の貧者が支配する民主主義が最も良い国家だ。このような点で、経済的葛藤を社会の最も重要な葛藤と考えるマルクスの思想も、結局はプラトンの影響を受けたと言える。

プラトンは階級の違いを離れ、全ての人が同意する絶対的に最も良い国家である理想国家を実現するために努力し、ここから彼の政治思想が出発する。全ての人が同意する絶対的に良い理想国家の姿はどのように実現可能なのか。それは、まさに国家にとって最も良い絶対的な善 good を判別できる能力を持った哲学者が国家の支配者になる時に可能だ。なぜ、哲学者だけが絶対的

87) 古代ギリシャ人は、絶対的に変わらない自然と、人が作った変わる法や慣習などを、自然 (nature) と慣習 (convention) に区分した。

な善を判別できる能力を持っているのだろうか。プラトンはこれを正義論 the theory of justice と正当化する。

2) プラトンの正義論

プラトンによると、人は誰でも生まれた時からそれぞれ違う機能を持って生まれる。プラトンは『国家』で機能について次のように述べている。「どんな二人でも正確に同じように生まれるわけではない。人々はそれぞれの異なる職業に合うよう、生まれた時から天性的な違いがある[88]。よって、全ての人はその天性 nature どおり、各自に最も適した機能を共同体で遂行しなければならない。その原則が正義である[89]。その機能はその人しかできないか、他の人よりその人の方が上手にできる[90]」。

したがって、生まれた時から各自に付与された機能を遂行することが個人にも正義であり、社会全体と国家のために正義である。例えば、ある人が数学はできるが歌は上手くない機能を持って生まれたとすれば、その人は数学者になることが個人にも幸せで、社会全体のためにも正義だ。もし、歌が下手な人にカラオケに行って歌えと強要するなら、そのような社会は正義の社会ではない。

プラトンの正義論によれば、ある人は生まれた時から良い国を作るために必要な絶対的真理を判別できる洞察力と能力を持って生まれる。このような人々は哲学者であり、哲学者が支配者にならなくてはいけない。ここでプラトンの哲人王理論が出てくる。哲人王は支配できる能力を持って生まれるため、支配者に

---

88) Plato, 1941, p. 56.

89) Plato, 1941, p. 127.

90) Plato, 1941, p. 38.

なることは権利ではなく義務である。なぜなら、絶対的真理を判別できる能力を持った人が支配者にならないことは、自分より劣等な人に支配する権利を渡すことであり、これは最も重い処罰に該当するからだ。これを恐れ、能力のある哲学者は権力を受け入れなければならない[91]。支配者になった哲学者は、常に国民にとって善となるものが何かを研究し、良い政策を処方しなければならない。羊飼いが常に羊のためにあるように、いかなる種類の権威もひたすら世話をする対象のためだけに、支配者も強者ではなく弱者のために支配しなければならない[92]。

当代のソフィスト[詭弁論者]であるトラシュマコスは、プラトンの正義論と支配者階層に対する認識に正反対の意見を提示した。トラシュマコスは、正義は法を通じて実現されるが[93]、強者、すなわち支配者が自らの利益のために法を作り、これを国民に正義だと言って騙すと主張した[94]。トラシュマコスは、支配者たちは昼夜を問わず、支配階層のために国民から何をむしり取ることができるかについてのみ考えると述べた。支配者が正義だと掲げる法や政策は実際には不義であり、支配者は純真な国民を正義という偽りの名前で欺く。本当に正義のある人は、実際にはいつでも一番悪いものを持つようになる[95]。

理想論に偏った純真なプラトンとは異なり、この詭弁論者は、支配者になる不義な人々は性格や知性において非常に優れて

91) Plato, 1941, p. 29.

92) Plato, 1941, pp. 27-29.

93) Stanley Rosen, *Plato's Republic: A Study*, New Haven: Yale University Press, 2005, p. 41.

94) Plato, 1941, p. 18.

95) Plato, 1941, p. 25.

いるため、不義を完全に犯すことができると述べた[96]。したがって、一般の人々のように小さな罪を犯せば、処罰され不名誉になるが、支配者のように全国民を奴隷にする大きな罪を犯せば、むしろ処罰を受けず、汚名を被ることもないと確信する[97]。

トラシュマコスが、支配者は自分の利益のためだけに支配階層の利益を正義という名前で国民に掲げると主張する点は、マルクスの理論と同じだ。マルクスは、生産手段を所有したブルジョア階級が支配階層になり、彼らは多数の国民である労働者の利益は面倒見ず、自分たちだけの利益を追求すると主張した。古代ギリシャ哲学について博士号論文を書いたマルクスは、確かにプラトンの『国家』を読んだはずであり、『国家』に出てくるトラシュマコスの正義論から大きな影響を受けたと推測される。むしろトラシュマコスを最初のマルキシストと呼んでも構わないだろう。

どの時代においても政治指導者たちが権力を特権と考え、指導者個人や自分が属している集団の私益を追求するために手段を選ばず権力を得ようとするのに対し、プラトンの政治指導者に対する考え方は非常に理想的であるだけでなく、犠牲的で奉仕的だ。

プラトンが望んだように、国家に有利な絶対的善を判別できる哲学者が支配者になったとしても、彼らは権力の甘さから自由になれるだろうか。万が一発生しうる支配者階層の腐敗と堕落を予防するため、プラトンは二つの予防策を提示する[98]。一つ目は支配者階級に私有財産の所有を禁じることだ。支配者が土地や住

96) Plato, 1941, p. 32.

97) Plato, 1941, p. 26.

98) 二つの予防策は、結局指導者から私的な要素を取り除くことだ。Hannah Arendt, *The Human Condition*, Chicago: University of Chicago Press, 1958, p. 226.

宅、お金を所有するようになれば、自分たちの土地と住宅を経営するために国民の面倒を見る任務を放棄するようになり、そうなれば国民と敵対的な関係に置かれて独裁者になるだろう[99]。私有財産を所有する独裁者は、武力や詐欺を働いてでも他人が持っている全ての財産を略奪しようとする。それが公的な財産であれ、私的な財産であれ、神聖な財産であれ、世俗的な財産であれ、とにかく財産だけを蓄積すれば良い。経済的葛藤は政治的葛藤の主要原因であるため、支配者が私有財産を所有して国民と対立関係を形成することを避けなければならない。国民のために働くという指導者の公的な使命は、支配者の私的な利益追求と両立しない。

二つ目は支配階層に家族の所有を禁じることだ[100]。プラトンの理想国家論では、男性が女性とプライベートな家族を作ることを禁止している。女性と子供は男性が共同で所有する。親は自分の子供たちが誰なのか知らないし、子供たちも自分の両親が誰なのか知らない。家族制度の廃止は当時の古代ギリシャで女性の社会活動を助けるための装置としても考案されたが、支配階層の腐敗を防ぐための苦肉の策としても示された。

この二種類の禁止は全ての国民に該当するのではなく、専ら支配階層にのみ該当する。政治指導者が権力を乱用し、腐敗するのは家族がいるからだ。家族が子孫代々豊かに暮らせるようにするため、支配者は利権に介入して金を横領し、私有財産を増殖させる。したがって、プラトンが提示したように、政治指導者に家族と私有財産の所有を禁止すれば、指導者の腐敗は減るだろう。プラトンが提示した理想国家では、指導者は家族もなく、私有財

99) Plato, 1941, pp. 108-109.
100) Plato, 1941, pp. 155-168.

産もなく、何の私的利益もなく、面白くもない。指導者の資質のある人々だけが国民に奉仕しようとする強い責任感を持ち、ひたすら国家と国民の公益のためだけに奉仕する階層になる。

上で正義論を論じる時、トラシュマコスの正義論がマルクスに大きな影響を与えたと言及した。支配者階級に私有財産の所有を禁じるプラトンの思想も、マルクスに影響を与えたに違いない。マルクスが理想社会として掲げる共産主義社会は、生産手段の私有を禁止して共有化し、私有財産の所有を禁止する点でプラトンの理想国家論と変わらない。共産主義社会で女性に労働を認めるために、女性が工場で働いている間、国家が託児所を設立して育児と教育の責任を負うことも、プラトンの理想国家論で家族制度を廃止し子供たちを共同で所有することと似ている。

3) プラトンの洞窟の比喩

絶対的理性を持つ哲学者が指導者になったら、彼らは国民とどのような関係を持つべきか。プラトンの洞窟の比喩はこの質問に対する答えを示している[101]。プラトンの『国家』の中で最も重要な部分は「正義論」と「洞窟の比喩」の部分だ。プラトンは人間の存在を明るい太陽が輝く世の中ではなく、暗い洞窟の中に住む状態と描写している。その上、人間は洞窟の中で首と足が鎖に縛られていて後ろを振り返ることができず、洞窟の壁に映った影だけを見られる状態だ。洞窟の中にいる人たちの後ろを松明が通るとしよう。人々は首が鎖に縛られていて後ろを振り返ることができず、前しか眺めることができないため、洞窟の壁に映った物の影を見ることができるだけだ[102]。

---

101) Plato, 1941, pp. 227-235.

102) すなわち、人々は真理を見ることができず、自分の位置によって真理の見える

洞窟の中に住む人々の誰かが外に出て、洞窟の外に輝く太陽を見ることができれば、洞窟に映った影が真実ではなく、太陽が真実だということに気づくことになる。ここで、太陽はプラトンが望む国家にとって最も良い絶対善、すなわちイデアを意味する。プラトンによると、洞窟の外に出て太陽を見ることができる人は、絶対的真理を判別できる理性と洞察力を備えた哲学者だ。哲学者は太陽を見たことに満足せず、再び洞窟に戻って、洞窟の影が真理だと考えている人々に太陽が真理であり本質だという点を教えなければならない。哲学者が支配者にならなければならず、影しか見られない無知な国民を啓蒙し、統治しなければならない。

プラトンは支配者が持つべき気質にどのような特性が必要だと思ったのだろうか。プラトンの用語を使えば、守護者[guardian]層は国民には賢く温和でなければならないが、敵にだけは勇猛になる気質を持たなければならない。そうでなければ、外部の敵に滅亡させられるまでもなく、自ら内部から崩れ落ち、滅亡すると想定している[103]。哲人王に温和さを求めるこの部分は、君主に残忍さを強調するマキャヴェッリの理論とは対照的だ。プラトンは哲人王が支配する機能を持って生まれると説明しているが、世襲君主を意味したわけではないようだ。プラトンは支配者内部の派閥を禁止するため、指導者は能力によって昇進しなければならず、指導者の位置が世襲されてはならないと述べた[104]。

形、影を見ている。Hannah Arendt, "Philosophy and Politics," *Social Research*, 57:1, Spring 1990. p. 94. この論文はArendtの死後に*Social Research*に掲載された論文である。

103) Plato, 1941, p. 64.

104) Plato, 1941, p. 163.

国家は指導者たちの腐敗によってのみ没落するのか。プラトンは国民によっても国家が衰退する可能性があると述べている。プラトンにとって国家が衰退する第一の理由は、指導者よりも国民にある。プラトンは国民を巨大な獣 the great beast に例えた[105]。国民が支配する民主主義国家は哲学者を要求せず、哲学者のように前途有望な資質を持っている人を堕落させる。国家を滅ぼす第二の理由は、経済的な利害から生じる党派的な争いだ。党派的対立は暴力的で利己的であり、国家を滅ぼす。第三に、国家の没落は政治家の道徳的緩みから発生するが、これは他でもない支配エリートの内部で起こる分裂を意味する[106]。プラトンは後代の革命理論家たちとは異なり、革命が下からではなく上から、国民によってではなく指導者たちによって起こると見ている。

結論としてまとめてみると、プラトンの思想は哲人王が支配する理想国家論を夢見ている。哲人王理論は経済的階級にかかわらず、全ての人々が支持する国家を成し遂げようとする理論だ。プラトンが後世の政治思想に及ぼした影響は大きい。プラトンから後世の啓蒙君主論、レーニンのヴァンガード前衛隊独裁理論が派生した[107]。私有財産の所有を禁止するマルクスの共産主義理論と 1960 年代の家族の廃止を主張する急進的な女性主義思想も、プラトンから知的な刺激を受けたと言える。

---

105) Plato, 1941, p. 194.

106) Plato, 1941, p. 268.

107) 代表的な論文として Karl Popper, *The Open Society and Its Enemies*, 1, 2, Princeton: Princeton University Press, 1971.

03 アリストテレスと現実主義政治思想

1) アリストテレスの現実主義

人間が生まれた時から異なる能力を持って生まれ、国家の絶対的善を洞察できる絶対的理性を持った哲学者が支配者にならなければならないというプラトンの政治思想は、支配と被支配の位置が変わらない関係を意味する。そのため、プラトンは政治指導者の権威を父親の権威と同じだとした。プラトンが設立したアカデメイアで学んだアリストテレスはプラトンと正反対で、支配と被支配の関係は変わる可能性があるため、政治家の権威は父親の権威とは違うと述べた。アリストテレスの代表著作である『政治学』の最初の部分は、政治的権威と父親の権威が同じだと唱えたプラトンの政治思想に反論するため、家族内での権威の種類と父親の権威に対する考察から始まる[108]。

アリストテレスは紀元前384年から322年まで生きた人で、彼が17歳か18歳頃にプラトンが建てたアカデメイアに入学し、プラトンが紀元前347年に死ぬまでアカデメイアで20年間も勉強した。しかし、アリストテレスが実際にプラトンから直接学ん

108) Aristotle, 1958, pp. 1-38.

だかどうかは記録がないためわかっていない。アリストテレスがプラトンが死ぬまでアカデメイアにとどまっていたのを見ると、プラトンに対する尊敬の念が深かったに違いない。アリストテレスも後半にはプラトンのアカデメイアの隣にリュケイオンという学校を建て、後学を指導した[109]。

アリストテレスはプラトンの死後、紀元前342年にマケドニア王ピリッポス2世の招請を受けて息子のアレクサンドロス大王の師となり、彼を13歳から19歳まで教えた。しかし、アレクサンドロス大王がアリストテレスからどのような影響を受けたかは知るすべがない[110]。多くの学者は、もし独創的で革新的なプラトンがアレクサンドロス大王の師になっていたら、明らかにアレクサンドロス大王に大きな影響を与えただろうと述べている。このような評価から、学者たちがアリストテレスの思想を独創的ではなく平凡だと考え、プラトンの思想に比べて軽視していることを垣間見ることができる。

アリストテレスは師であるプラトンの思想とは正反対の思想を提示した。プラトンが理想主義者で観念を重視したのに対し、アリストテレスは現実主義者で経験を重視した。プラトンが現実では成し遂げられない最善 the best の政治を理想社会で追求したとすれば、アリストテレスは理想社会は不可能であるため、現実で可能な次善 the second best の政治や、最悪よりまし the least worst な政治を追求した人だった。プラトンは支配服従関係が変わらない絶対的権威だと主張した反面、アリストテレスは全ての人は平等に生まれたため支配と服従の関係は変わらねばならないという民主主義に近い思想を展開した。

---

109) Aristotle, 1958, p. xix.

110) Aristotle, 1958, pp. xvii-xviii.

プラトンは、支配服従の不平等な関係である政治的権威が変わらないという点で、政治指導者の権威を父親の権威に例えた。しかし、アリストテレスは、政治的権威が変わることのない絶対的権威ではないという点を明らかにするため、『政治学』の冒頭から父親の権威が現れる家族について論じている。アリストテレスは独創性がないと評価されているが、実際、このようなアプローチは普通の人の常識を超える破格的な方法論だ。通常、政治に関するテーマを扱ったり、本のタイトルが政治学であれば、政治に関する叙述から本を始めるだろう。しかし、アリストテレスは読者の期待を完全に無視し、最も非政治的な家族についての話から本を始める。読者はアリストテレスの異常さと特異さに非常に驚かされる。アリストテレスは『政治学』第1巻で、家族 household 内で発生する権威の種類を三つに分けている。第一に主人と奴隷の関係であり、第二に夫と妻の関係、第三に親子の関係である[111]。

家族を全体的に見ると、家族の中で一番年上の父親が家族を束ねるため、父親の権威は君主の権威と同じだ[112]。君主の権威とは、支配服従の不平等関係が変わらない絶対的権威を意味する。しかし、家族内の権威を詳しく見てみると、上記のように異なる性格を持つ3種類の権威で構成されている。第一に、奴隷に対する主人の権威は支配服従の関係が変わらない不平等な関係だ。なぜなら、奴隷と主人である自由人は生まれつき異なる生まれ方をしているからだ。奴隷は生まれつき奴隷として生まれ、主人は生まれつき自由人として生まれた[113]。しかし、アリストテ

111) Aristotle, 1958, pp. 7-8.

112) Aristotle, 1958, p. 4.

113) Aristotle, 1958, p. 11, 16, 131.

レスは哲学者にして知識人であるため、奴隷制に関して非常に悩み、彼が死ぬ際に所有していた奴隷を全て解放しろと言っている。

第二に、夫と妻の関係を見てみよう。夫と妻はいずれも自由人という点では同じだ。しかし、男性は女性より自然的に支配するのに適している。なぜなら、女性は思考できる能力 faculty of deliberation を生まれ持っているが、まだ完成していない形 inconclusive form で生まれたからだ[114]。そのため、妻に対する夫の関係は、奴隷に対する主人の関係と同様、支配服従の不平等な関係が変わらない絶対的関係だ[115]。プラトンが提示した男女平等はアリストテレスによって否定され、男性は公的領域、女性は私的領域というジェンダー区分が固着化する。ジェンダーによる固定的役割は、20 世紀初頭、女性が参政権を獲得したことで変わり始める[116]。

第三に、親子の関係を見てみることにしよう。親子ともに自由人であるため、平等な関係が成り立ちそうだ。しかし、親は年輪と成熟さを持っている反面、子供たちは若さと未成熟の状態にあるため、支配するのは親がより適している[117]。子供たちも思考

114) Aristotle, 1958, p. 35.

115) 一部の学者は、家族内で奴隷に対する主人の支配、女性に対する男性の支配は自然的に行われたのではなく、力によって行われたと主張している。Stauffer, 2009.

116) Jean B. Elshtain, *Public Man, Private Woman: Women in Social and Political Thought*, New Jersey: Princeton University Press, 2020; Arlene W. Saxonhouse, "Public Man/Private Woman in Context," *Politics & Gender*, 11:3, September 2015.

117) Aristotle, 1958, p. 32.

できる能力を持っているが、未熟な形で持っている[118]。したがって、親は愛情と年長者の徳を持って子供たちを支配しなければならない[119]。親子の関係は支配服従の不平等な関係が変わらないという点で絶対的で君主の権威と同じだ。

上記の家族内の権威を見ると、主人と奴隷の関係は不平等、夫と妻の関係も不平等、親子の関係も不平等だ。このような不平等の関係は変わらないため、君主の絶対的な権威と同じだ。

しかし、政治家の権威は自然的に平等に生まれた人々の間で行使される権威であるため、支配服従の関係は変わり得る[120]。したがって、父親の権威は政治家の権威と異なる。アリストテレスは、政治家と国民の間の支配服従関係が絶対的に変わらない関係だというプラトンの思想に真っ向から反論する。

しかし、ここで一つ疑問が生じる。市民が皆平等なら、不平等な政治的権威がなぜ必要なのか。その理由は、全ての人が同時に支配する側に回れないからだ[121]。国家の目標を効率的に達成するため、一定期間暫定的に市民の間に能力の差があると仮定し、一定期間ある人々が支配者になる。彼らの任期が終われば、次の番には他の人が支配者になる。つまり、プラトンのように一端の人々が常に支配者になるのではなく、人々が順番に支配者にならなければならない。平等な人々が集まって暮らす国では、全ての人々が順番に公職に就かなければならない。これが循環の法則 the principle of rotation であり正義 justice である[122]。

---

118) Aristotle, 1958, p. 35.

119) Aristotle, 1958, p. 33.

120) Aristotle, 1958, p. 17.

121) Aristotle, 1958, p. 42.

122) Aristotle, 1958, p. 288.

一つ留意すべき点は、アリストテレスが全ての人が平等だからといって、支配服従関係が必要ないと主張するわけではないという点だ。アリストテレスは支配する要素と支配される要素は自然が付与したものだと考える。したがって、自由で平等な市民の間でも支配と被支配の関係は必要だ。しかし、この二つの要素が絶対政府や支配者と被支配者の間に固定不変な関係を与えるわけではない[123]。

アリストテレスの循環の法則を理解するためには、当時の古代ギリシャの政治参加形態についての理解が必要だ。古代ギリシャでは奴隷と女性を理性を所有する人間の範疇に含めなかったため、奴隷と女性は政治に参加することが許されなかった。奴隷は生まれつき奴隷として生まれたため、法律や政策について判断する理性を持っていないと判断された。女性は理性を所有していたが、不完全な形で所有していたため、奴隷と同様に政治に参加できず、家で家事と養育を担当する責任だけを授与すれば良いと見なされた。古代ギリシャ社会では、奴隷を所有する自由人と夫人を支配する自由人男性にだけ政治参加が許されたため、平等な自由人の間に政治的関係が形成されたのだ。

アリストテレスはプラトンを慕ってアカデメイアに入学し、プラトンが死亡するまでアカデメイアで約20年間学んだが、プラトンとは全く異なる政治思想を提案した。アリストテレスは著書『政治学』の冒頭部分から、師であるプラトンの政治思想に徹底的に反論したのだ。

---

123) Aristotle, 1958, p. 35, 32, 41.

表 2.1

プラトンとアリストテレスの支配服従関係の比較

区分	プラトン	アリストテレス
支配服従関係の必要性	必要	必要
支配服従関係の変動性	変わらない 政治家の権威＝父親の権威	変わる 政治家の権威 ≠ 父親の権威

2) アリストテレスの民主主義思想

支配服従の不平等な政治的権威が人々の間で入れ替わることができると考えた点で、アリストテレスはプラトンに比べて明らかに民主主義に対する友好的な考えを持っていた。

しかし、アリストテレスが民主主義に対して100%賛成したわけではない。アリストテレスもプラトンと同様、民主主義がもたらす危険性を熟知していた。何よりもアリストテレスは、民主主義が極端になると、一人が独裁する専制政治 tyranny のように、集団的形態の専制政治に変質する可能性を憂慮している[124]。そうなれば、多数の大衆が専制者となり、数字の力で恣意的な命令を強要することができる。このような現象は、専制者が彼の単一意思を恣意的に命令するのと変わらない[125]。大衆は独裁者になり、多数が個人として自由な意思を表出するのではなく、集団的に主権を行使する状態になり、法治は消えることに

124) Andrew Lintott, "Aristotle and Democracy," *Classical Quarterly*, 42: 1, May 1992, p. 115.

125) Aristotle, 1958, p. 88.

なる[126]。裕福な人であれ貧しい人であれ、ある種の多数が少数の財産を分割すれば、そのような多数は明らかに国家を滅ぼす[127]。多数の意見によって指導者を追放する陶片追放制[ostracism 128]を実施する民主主義国家は、他のいかなる価値よりも平等という価値を第一の目標にすることになり、このような形態の国家は危険性が大きい[129]。

民主主義が危険性を内包しているにもかかわらず、アリストテレスは民主主義に対して肯定的な態度を堅持している。第一に、アリストテレスは一人の優れた個人より集団の判断力を信じるため、国民が全体的に主権にならなければならないと述べる。大衆の一人一人を個人別に見れば、卓越した資質を持っていないかもしれない。しかし、個人ではなく集団、一つの全体として一緒になれば、多数は少数の卓越した人々の資質を凌駕する[130]。ある人はある部分を理解し、他の人は他の部分を理解し、全ての人の理解を合わせれば全てを理解することができ、多数はより良い裁判官になれる[131]。したがって、公職が与えられる主体は裁判所や民会に参加する個人ではなく、国民全体としての裁判所、国民全体としての民会にならなければならない[132]。

---

126) Aristotle, 1958, p. 168.

127) Aristotle, 1958, p. 122.

128) 陶片追放制は、個人的利益のために権力を追求したり民主主義を脅かす人を、血を流さずに国外へ追放する制度だ。Lucie Laurian, "This is what direct democracy looks like: how Athens in the 5th century BC resolved the question of power," *Town Planning Review*, 83:4, July-August 2012, p. 5.

129) Aristotle, 1958, p. 135.

130) Aristotle, 1958, p. 123.

131) Aristotle, 1958, p. 123.

132) Aristotle, 1958, p. 127.

民主主義が哲人王体制より良い二つ目の理由は、経験が支配の根拠として重要だからだ。支配の対象となる人々は、政府管理の政策についてより良い判断を下すことができる。例えば、靴を買う時、ショーウインドーでどの靴が自分の足に合うか理性的に判断するより、実際に靴を履いてみた人の方がよく判断できる[133]。ここで靴を履かずにショーウインドーで先験的に靴を判断する人は、理性だけを持ったプラトンの哲人王に例えられる。靴を直接履いてみる人は、国家政策の対象者として、どの政策が実際に国民に役立ち、役立たないのかを経験的に判断できる一般国民を意味する。アリストテレスが民主主義に賛成する三つ目の理由は、多数の国民が指導者になって指導者の数が増えれば、少数の指導者より腐敗しないからだ[134]。

哲人王体制より民主主義が優れ、国民が主権者なら、国民はどの部分で主権を行使すべきか。アリストテレスは、政府高官を選出する際、国民が主権者の役割を果たさなければならず、公職の任期が終わる時、指導者に責任を問わなければならないと述べた[135]。アリストテレスはこの二つが最も重要な問題だと強調した[136]。古代ギリシャの民主主義は現代の間接民主主義とは異なり、直接民主主義だった。国民が政治家を選出し、任期が終われば次の選挙で落選させることもできるという点で、選挙と責任性のような現代民主主義の精神は古代ギリシャから出発したと言える。

133) Aristotle, 1958, p. 13, 126.

134) Aristotle, 1958, p. 142.

135) Aristotle, 1958, p. 125.

136) Aristotle, 1958, p. 126.

04 古代ギリシャにおける民主主義の誕生と発展

西洋人は、西洋民主主義が古代ギリシャ・アテネで施行された民主主義をモデルにしたことから、古代ギリシャ・アテネ文明を西洋民主主義体制の起源と見なしている。では、古代ギリシャでどのように民主主義が発展したのかを見てみることにしよう。人々が初めて集まって暮らすようになったきっかけは、自然的に男と女が出会って家族を作るためだ。家族は子孫を代々継承する再生産と[137]、日々の必要を充足して自己保存を成すための基礎的単位だ。その家族が多く集まって村を形成し、また多くの村が集まって国家を形成した[138]。

古代ギリシャでもこのような状況は同じだった。フォレスト W.G.Forrest は、紀元前800年から500年の間に古代ギリシャに都市文明が形成され、海岸線に沿って都市国家が出現したと推定する[139]。古代ギリシャも他の国と同様、最初は商業や貿易、土地の所有を通じて金持ちになった人々の利益を代弁する僭主 tyrant が支配した。時間が経つにつれて経済的、心理的、軍事的変化が起き、これに伴い民主主義が出現し始めた。経済的変化は紀元前800年頃に始まる。この時期にアテネは外国と貿易を始め、これは僭主が支配していた既存社会を揺さぶり始めた。貿易で富を蓄積した人々は新しい支配階級に上がることを望み、これに伴い民主主義を要求する政治革命が起こり始めた[140]。

137) 西洋の学者たちは出産を再生産と表現する。

138) Aristotle, 1958, p. 4, 7.

139) Forrest, 1966, p. 75.

140) Klosko, 2007, p. 8.

心理的な要因としては、貿易が発展し、海外に植民地を建設しながら古代ギリシャ世界が地理的に拡張され始めたことにより、独立的な心理状態を持つ個人が出現したことが挙げられる[141]。彼らは外部世界を経験しながら個人の意識に対する自覚を持つようになり、当時の古代ギリシャの支配者と被支配者の間に存在する不平等な関係についてより柔軟に考え始めた。船に乗る前は狭い境界内で暮らし、人々の意識と思考が限られていたが、船に乗って海を航海した後は、人生を支配してきた支配者とこれ以上つながっていないことに気づくようになった。独裁的な支配者から逃れ、独立的に思考する意識の変化が起きた[142]。

軍事的な側面の変化は次のとおりである。新たに膨張した経済は重装歩兵[hoplite]の出現を告げ、初めて中産階級の軍事的冒険が始まった[143]。新たに出現した歩兵は、彼らの間に団結心を芽生えさせた。彼らは普通の人々の重要性に気づき、普通の人々が公益を守る力を持っていることに気づいた[144]。彼らは何の疑問もなく支配と服従の不平等関係を受け入れたことに疑問を持ち始めた[145]。

フォレストは、革命は経済的に貧しい人々によってのみ起こるものではないと主張している。経済的に貧しくなくても、政治的に不平等な時に革命が起こる。古代ギリシャで富裕な中産階級が支配者に政治的不平等を感じ、革命が発生したケースがまさにこの場合だ。貿易でお金を稼いだ中産階級は政治的平等を要求し

141) Forrest, 1966, p. 77.

142) Forrest, 1966, p. 86.

143) J. F. Lazenby and David Whitehead, “The myth of the hoplite’s ‘hoplon.’ (shield),” *Classical Quarterly*, 46:1, January-June 1996.

144) Forrest, 1966, pp. 95-97.

145) Forrest, 1966, p. 75.

始め、ここから民主主義が現れ始めた[146]。

民衆の要求に応じて紀元前594年にソロン[Solon]という改革家が現れ、民主的改革制度を導入するに至る。ソロンが成し遂げた改革の中心は法治[rule of law]だ[147]。ソロンは、法は貴族であれ平民であれ、誰にでも同じように適用されなければならないと述べた[148]。また、公職者たちは法の主人ではなく、法を守る使用人だと言った[149]。ソロンが法治を導入した理由は、指導者が暴力や恣意的な支配に依存せずに法を守る時、国民が指導者に最もよく従うと考えたためだ[150]。ソロンは、多くの国民は常に法と秩序を好むと信じていた[151]。

法治の意味は第一に、法によって自由と権利を保護される市民が誕生したことを意味する。もはや、人々は支配者に無条件に服従し、何の権利も保障されない臣民ではなく、法的な市民になる。第二に、支配者個人が恣意的に命令を下すことが禁止され、全ては法によって規定され、記録される。法治はいかなる種類の権威も法によらなければ作動できないという意味で、個人の力に頼る権威は正当な統治として認められなくなった[152]。

法治以外に、ソロンは民主主義を確固たるものにするため、民会が指導者の気まぐれによって不定期に召集されるのではなく、定期的に招集されなければならないと規定した。また、国家政策の最終的な決定は民会によって行われ、民会に参加した人々

146) Forrest, 1966, p. 156.
147) Forrest, 1966, p. 175.
148) Forrest, 1966, p. 234.
149) Forrest, 1966, p. 175.
150) Forrest, 1966, p. 173.
151) Forrest, 1966, p. 175.
152) Forrest, 1966, pp. 215-216.

の意見を一つ一つ数えなければならないと述べた[153]。

ソロンによって始まった民主主義は、クレイステネス[Kleisthenes]によって確立[BC508-507]された[154]。クレステネスは民主主義の二つの重要な原則を確立した。一つはイソノミア[isonomia]で、法の下の平等を意味する。もう一つはイセゴリア[isegoria]で、民会で平等に発言する機会を意味する[155]。イソノミアは単純に全ての人が法の下で平等であることを意味するもので、この段階では全ての人が政治に参加する準備がまだできていない状態だ。イセゴリアによって初めて全ての人が民会に参加できるようになり、国民が支配する民主主義が確立されたと言える[156]。また、クレイステネスは陶片追放制も導入した[157]。

長い時期を経て発展した古代アテネの民主主義は、紀元前5世紀、ペリクレスが支配した時に絶頂を迎えたと評価される。ペロポネソス戦争が起こって戦死者が故国に戻って来た時、ペリクレスは彼らの犠牲を称える演説をした。この演説がアテネ民主主義の精神を最もよく表していると評価されている。「わが国の憲法は隣国の法律を模倣したものではない。我々は他の国を模倣するよりも、他の国の模範になる。（民主主義の精神は）第一に、権力が少数ではなく国民全体の手にある。そのため民主主義と呼ばれる。第二に、法は全ての人が私的に違っても、全ての人に平等な定義を提供する。第三に、能力中心と社会的地位について言

153) Forrest, 1966, p. 170.

154) Robert K. Fleck and Andrew Hanssen, “Engineering the Rule of Law in Ancient Athens,” *Journal of Legal Studies*, 48:2, June 2019, p. 463.

155) David M. Pritchard, “Democracy and War in Ancient Athens and Today,” *Greece & Rome*, 62:2, October 2015, p. 6.

156) Forrest, 1966, p. 202, 220.

157) Forrest, 1966, p. 201.

うならば、公職に進出することは能力に従う。階級を考慮せず、個人の能力だけを考慮する。貧困が公職に進出する道を塞ぐこともない[158]。第四に、公的領域で享受する自由は私的生活にも適用される。他人に対して嫉妬して見張らず、隣人に対して干渉をしない[159]。第五に、アテネ市民は討論によって政策を決定する。賢明な政策を決定するため、議論は邪魔なものではなく、不可欠であることはわかっている。アテネ市民は政策を立案することはできなくても、公的な問題を判断する能力は持っている[160]。このような点でアテネ市民は幸せな多様性 happy versatility を持っており、アテネ都市国家はギリシャ人の模範となる学校だ[161]」。

ペリクレスの演説で見るように、古代ギリシャ・アテネの民主主義は理想的な側面を持っているように見える。しかし、アテネの民主主義にも落とし穴がある。第一に、古代アテネの民主主義は財産を持つ成人男性だけが政治に参加できるという限界を持っていた。女性と奴隷は政治参加から除外されていた。このような点で、女性学者たちはアテネの民主主義を家父長的民主主義 patriarchal democracy だと批判する。第二に、民主主義が可能になるためには、全ての人が討論に参加し、政策を判断する理性を持たなければならない。もちろんアリストテレスはこれに同意した。しかし、大衆が理性を所有しているとしても、扇動に有能で大衆の人気に迎合する扇動家 demagogue が[162]現れ、国家の公益と関係

---

158) 言い換えれば、財産が公職進出の基準にならないという意味だ。

159) Thucydides, 1951, p. 104.

160) Thucydides, 1951, p. 105.

161) Thucydides, 1951, p. 106.

162) demagogue は国民を意味する demos と、指導者を意味する agos が合わさった語だ。Haig Patapan, "On Populists and Demagogues," *Canadian Journal of Political Science*, 52:4, p. 3. Published online by Cambridge University Press: August 27, 2019.

のない政策を扇動する時、大衆は理性を失って迎合する場合がある[163]。この場合、民主主義の堕落をもたらす[164]。政権を獲得するために扇動家が陶片追放制度を利用して政敵を追放したが、後に国家が危機に瀕した時、大衆が理性を取り戻して追放された政治家を再び呼び戻すことがあった。このような経緯でプラトンは民主主義を非難し、絶対的真理を判別できる洞察力を備えた少数の哲学者が支配する哲人王政治を擁護したのだ。

アテネがペロポネソス戦争で敗れ、アテネの民主主義は衰退した。その後、人類の歴史では1789年フランス革命が勃発するまで君主制が支配した。人類の歴史を考えると、民主主義が支配した時期はわずかだ。しかし、今は民主主義が最善の政治体制と認識されている。政治の内容面で実質的に独裁を行う国家も、形式的には国家の名称に民主主義が入る手段を取っている。民主主義を最も脅かした共産主義も、1980年代旧ソ連で70年余りの社会実験を経て滅亡した。第三世界国家で流行した軍部権威主義体制も1970年代後半から幕を下ろし始めた。もはや民主主義が現実で最も適した政治体制として認識されていることを否定することは難しい。

---

163) 扇動家かどうかを判別する基準は、指導者が国民の利益のためか、指導者自身の私的利益のためかである。M. I. Finley, “Athenian Demagogues,” *Past and Present*, 21:1, April 1962, p. 5.

164) Lintott, 1992, p. 119.

Chapter 03

中世の政治思想

MYTH · BIBLE · LITERATURE
&THE WESTERN POLITICAL THEORY

Chapter 03

中世の政治思想

ここまで、西洋文明の起源となる古代ギリシャ・ローマ文明とキリスト教文明のうち、古代ギリシャ・ローマ神話を見てきた。ここからはキリスト教思想について見てみることにする。キリスト教は一般的に現実とは関係のない宗教として理解されている。しかし、マックス・ウェーバーがキリスト教から資本主義思想を類推したように、キリスト教には現実と関連した部分が少なくないことが発見できる。

01 聖書と政治思想

キリスト教が実際に古代ギリシャ・ローマ神話とともに西洋文明に多くの影響を及ぼしたのだろうか。勿論だ。キリスト教はギリシャ・ローマ神話と共に、西洋文明だけでなく全世界に影響を及ぼしている。我々が現在使用している年度はイエスが生まれた時を基準とする。イエスの出生を基準に、紀元前 BC、Before Christ と紀元後 AD、Anno Domini に分けている。Anno Domini はラテン語で我が主の年 in the year of our Lord という意味だ[1]。イエスが誕生したクリスマスと、イエスが死から生き返ったイースターは、全世界の多くの人々が記念しており、戦争が進行中であってもクリスマスとイースターを前後してたびたび休戦が行われる。

聖書に向き合う時、最も議論になるイシューの一つは、聖書が白人の歴史を正当化するかどうかの問題だ。イエスは肌の色が白い白人で描かれている。しかし、新約の最初の部分であるマタイ福音書の2章を見ると、イエスが白人ではないことがわかる。イエスが生まれた後、その当時ユダヤの支配者だったヘロデが、ユダヤ人の王として生まれたイエスを殺そうとした。この時、イエスの父親であるヨセフの夢に神の使者が現れ、家族を連れてエジプトに避難するように告げる[2]。エジプト人は肌の色が白くなく、黒っぽい。この部分を根拠に、学者たちはイエスの肌の色が白人のように白くなく、エジプト人のように黒ずんでいると推定する。イエスの肌が黒く、エジプト人と一緒にいても目立たないため、ヘロデの迫害を避けてエジプトに行ったと主張する。イエスが白人の姿を持つようになったのは、白人が自分たちの優越性を正当化するためにイエスの権威を借りてきたからだと考えられる。

聖書が及ぼした影響は西洋人の名前からもわかる。アメリカ人が尊敬する大統領であるエイブラハム・リンカーン、イギリスの天才科学者アイザック(イサック)・ニュートン、イエスの母親の名

1) anno はラテン語で年 (year) を意味する。
http://dictionary.reverso.net/italian-english/anno;
domini はラテン語で主 (Lord)、またはイエスを意味する。
https://www.collinsdictionary.com/dictionary/english/dominus 検索日 2020. 4. 15.

2) 『성경』(『聖書』), 2005, マタイ福音書 2:13-15, p. 2. ハングルの聖書は旧約と新約のページを別に設定する。

前から取って女性の名前によく使われるマリア[メアリー]、預言者サムエルの母親であるハンナ、ユダヤ人ではなく異邦人で、イスラエル人が最も尊敬するダビデの先祖であり、異民族間結婚の先例となったルツ[Ruth]、第二次大戦後の日本文化を研究し、『菊と刀』という本を書いて日本の天皇制を維持するのに寄与した米国の人類学者ルース・ベネディクトの名前も聖書に登場する名前だ。

聖書は東洋と西洋の文学作品にも多くのインスピレーションを与えた。ミルトンの『失楽園』、ジョン・バニヤンの『天路歴程』、ノーベル文学賞受賞作家であるアメリカの小説家ジョン・スタインベックの『エデンの東』、アンドレ・ジッドの『狭き門』、黄順元(ファン・スンウォン)の『カインの後裔』、李文烈(イ・ムニョル)の『ひとの子』など、数え切れないほど多い。

聖書に影響を受けた政治思想家も多い。悪の化身と呼ばれ、教皇庁によって全ての著書が禁書となったマキャヴェッリも、聖書について該博な知識を持っていたようだ。マキャヴェッリが理想国家論ではなく現実国家論を研究したのもキリスト教の影響から抜け出そうとする試みだったが、『君主論』には聖書の人物であるダビデ、ゴリアテ、サウロなどが出ている。

神や天国など目に見えない内容を教える中世キリスト教に反対し、懐疑主義者で経験主義者だったトマス・ホッブズも、実際にはキリスト教の影響を多く受けた。ホッブズは支配者の絶対的権利を正当化した中世王権神授説を打破し、支配者の権利が国民との契約から生まれるという社会契約論を創始したが、彼の有名な著書名『リヴァイアサン』は、旧約聖書のヨブ記に出てくる海の巨大な怪物から取った[3]。リヴァイアサンはワニや

---

3) Hobbes, 1962, p. 132. リヴァイアサンは旧約の他の部分、ヨブ記 3:8、詩篇 74:14、104:26、イザヤ 27:1 にも出てくるが、巨大な獣であるベヒモスとリヴァイアサンを一緒に言及した部分はヨブ記 40-41 章にある。

水に住む恐竜、巨大なイルカなどを意味する。ホッブズは支配者が国民の自発的契約によって全ての権力を委任されたため、支配者を主権、または神のような人間 mortal god と呼ぶ[4]。ヨブ記 41 章 1 節で神はヨブに「あなたは釣り針でリヴァイアサンを釣り出すことができるか。糸でその舌を押さえることができるか。釣り針でその顎を突き通すことができるか」と言い、ヨブと人間の限界を指摘する[5]。

リヴァイアサンが出てくるヨブ記 41 章に先立ち、ヨブ記 40 章 15 節には、地に住むベヒモスという巨大で恐ろしい動物が出てくる[6]。ベヒモスはおそらくカバを指している。ホッブズは『リヴァイアサン』を執筆後、イギリスの「長期議会」に関する著書『ベヒーモス』を著した[7]。『リヴァイアサン』と『ベヒーモス』というホッブズの本のタイトルからもわかるように、ホッブズに及ぼした聖書の影響力は明白に見て取れる。

ヨブ記に関して一つ留意すべき点は、ヨブの英語名が Job であるという点だ。21 世紀初めの韓国社会において若者たちが job、つまり職業を得ることは非常に難しいが、古代ユダヤ社会でもヨブの名前と人生が示すように、職を得ることは非常に難しかったようだ。ヨブ記 1 章 1 節を見ると「ウスの地にヨブと呼ばれる人がいたが、そのひととなりは全く、正しく、神を恐れ、悪に遠ざかった者」と記述されている[8]。ヨブは神から大きな祝福

---

4) Hobbes, 1962, p. 132.

5) *The Holy Bible*, English Standard Version, London: Collins, 2002, Job 41:1, p. 446.

6) 『성경』(『聖書』), 2005, ヨブ記 40:15, p. 802.

7) Hobbes, 1962, p. 16.「長期議会」はイギリスの内戦期間を前後して 1640 年から 1660 年まで長期的に議会が開会された事件をいう。『ベヒーモス』はホッブズの死後に出版された。

8) 『성경』(『聖書』), 2005, ヨブ記 1:1, p. 761.

を受けた人で、息子 7 人と娘 3 人がおり、羊が 7000 頭、ラクダが 3000 頭、牛が 500 くびき[9]、雌馬が 500 頭で、使用人もたくさんいた。ヨブは神に対する信仰が厚い人だった[10]。ある日、サタンが神に、ヨブが神を信じる理由は神の祝福を受けたためだと話し、ヨブが本当に敬虔(けいけん)な者かどうか、ヨブが受けた全ての祝福を奪ってヨブの忠誠を試そうと言う。神がこれを許し、ヨブは一気に愛する子供と莫大な財産を全て失う。ヨブ自身も病気になった。ヨブ記ではヨブが体の痒みでどれだけ苦しんでいるのかを次のように描写している。ヨブ記 2 章 8 節に「ヨブが灰の真ん中に座って陶器の破片を取り、体を掻いていた」と[11]。しかし、ヨブは神を恨まず、苦難を耐え抜き、神はヨブに以前よりさらに大きな祝福を与える。

　ホッブズはなぜ国家をリヴァイアサン、つまり巨大な怪物に喩えたのだろうか。ホッブズによると、国家は巨大な恐竜のように巨大な権力を持っている制度だ。イギリスで出版されたホッブズの『リヴァイアサン』の表紙には、王冠をかぶった人の顔の君主が、リヴァイアサンと同じ海の動物のうろこで覆われた服を着ている絵が出ている。

　ホッブズが聖書の恐ろしい動物を自分の本のタイトルに決めたのは、ホッブズが恐怖と深い関連を持っているためとも言える。ホッブズが生まれた当時、新興海上国家に浮上していたイギリスは、従来の海上王国だったスペインと競っていた。1588 年、スペインの無敵艦隊がイギリスに侵入した時、ホッブズの母親はホッブズを妊娠していた。無敵艦隊の光景を見たホッブズの母親

9) くびきとは牛馬の首にあてて車をひかせる横木。ここでは牛 500 頭のこと。

10)『성경』(『聖書』), 2005, ヨブ記 1:2-3, pp. 761-762.

11)『성경』(『聖書』), 2005, ヨブ記 1:2-3, p. 763.

は驚き、ホッブズを早産した。後にホッブズは「恐怖と私は双子だ」と言及している[12]。

面白いことに、懐疑主義者だったホッブズの名前はイエスの12弟子のうち懐疑主義者だったトマスの名前と同じだ。トマスは韓国語の聖書にドマと出ている。イエスが復活して弟子たちの前に現れた時、ドマはその場にいなかった[13]。疑い深いドマはイエスの復活を信じなかった。ドマは、イエス様の手の釘の跡を見て、自分の手をイエス様の手と脇腹の釘跡にさし入れてみなければ、イエス様の復活を信じることはできないと言った。8日が過ぎ、ドマが弟子たちと家の中にいる時、ドアが閉まっているのにもかかわらずイエスが現れた。イエスはドマに「あなたの指をここに当てて、私の手を見なさい。また、あなたの手を伸ばし、私の脇腹に入れなさい」と言った[14]。これに対し、ドマはどうしてもイエスに触れることもできず、イエスの復活を信じるようになった。このエピソードをきっかけに、ドマは疑い深い者、懐疑主義者を意味する人の代名詞となった。ドマはイエスの復活を目撃した後、イエスが神の息子だということを信じてインドに行き、福音を伝え、殉教したという。

ホッブズは政治学において古代と中世から伝わる政治思想の伝統を画期的に変えた人だ。古代・中世時代は人間の本性は善良で共同体的だと考えられていた。しかし、ホッブズは人間の本性を悪で利己的で原子的だと主張した。また、古代・中世には支配服従の不平等な関係が自然発生的に生まれたと考えられていた

---

12) Dante Germino, *From Machiavelli to Marx*, Chicago: University of Chicago Press, 1972, p. 90.

13)『성경』(『聖書』), 2005, ヨハネ福音書 20:24-29, p. 184.

14)『성경』(『聖書』), 2005, ヨハネ福音書 20:27, p. 184.

のに対し、ホッブズは政治的権威が自然発生的ではなく、平等な人々が契約を結んだことに起源を持つとした。

ホッブズもドマと同様、既存の理論に疑いを持っていた。ホッブズは特に、絶対的な神が与えた王権神授説に疑問を抱く。ホッブズの疑いによって、逆うことのできない王の絶対的権利が否定され、政治思想の歴史を変えた社会契約論が誕生することになった。中世の神の教えを信じずに新しい政治思想を起こしたホッブズの名前が、疑い深いドマ、トマスから由来したことは示唆するところが大きい。

ホッブズの社会契約論を継承して制限政府論を誕生させたロックも聖書から大きな影響を受けた。ロックの『統治二論』の冒頭は、聖書に登場する最初の人間であるアダムの絶対的権威が、制限的な政治的権威と異なるという点を説明して始まっている[15]。

宗教をアヘンだと非難した無神論者のカール・マルクスも聖書の影響を受けた。マルクスが歴史発展の第一段階に挙げた原始共産社会は、まさにイエスが復活して昇天した後、イエスを信じる人々の間で形成されたキリスト教共同社会を模倣したものだ。イエス復活後、イエスの教えを世界に伝播するよう要請されて以来[16]、イエスの弟子たちはキリスト教を世界中に伝播しようと殉教を厭わない熱意を見せた。この点は、マルクスとマルキシストが共産主義を世界中に広めようとしたのと同じだ。マルクスの母親は敬虔なキリスト教信者だったため、マルクスも聖書を知らなかったはずがない。

---

15) John Locke, *Second Treatise of Government*, Cambridge: Hackett Publishing Company, Inc., 1980.

16) 『성경』(『聖書』), 2005, マタイ福音書 28:19, p. 52; マルコ福音書 16:15, p. 86; ルカ福音書 24:47, p. 142; 使徒行伝 1:8, p. 186.

聖書に由来した一節が一般的な教訓と見なされる場合も多くある。「初めは小さくあっても終りは非常に大きくなるであろう[17]」、「敵を愛しなさい[18]」、「真理はあなたがたを自由にさせるだろう[19]」、「後の者が先になり、先の者が後になる[20]」、「兄弟の目にある塵を見ながら、自分の目にある梁を認めないのか[21]」などの格言は、全て聖書に由来する。

02 聖書の構造

聖書は旧約と新約に分かれている。旧約は「昔の約束」という意味で、新約は「新しい約束」という意味だ。昔の約束とは何だろうか。それは神が遠い昔にイスラエルの民にメシアを送ると言った約束をいう。新約は、神がイスラエルの民と結んだ約束が、イエスの誕生を通じて新たに実現されたことを意味する。また、旧約はイスラエルの民の歴史であり、新約は神の息子であるイエスの行跡を収めた書籍だ。旧約は39編で構成されており、新約は27編で構成されている。旧約には神が正義の神として描写されており、新約には神がイエスを通じて愛の神として描写されている。

旧約と新約は構造的に互いに連結されており、旧約で予言した内容が新約にそのまま現れる。例えば、紀元前700年頃に

17)『성경』(『聖書』), 2005, ヨブ記 8:7, p. 768.
18)『성경』(『聖書』), 2005, マタイ福音書 5:44, p. 8; ルカ福音書 36:27, p. 99.
19)『성경』(『聖書』), 2005, ヨハネ福音書 8:32, p. 159.
20)『성경』(『聖書』), 2005, マタイ福音書 20:16, p. 34; マルコ福音書 10:31, p. 72.
21)『성경』(『聖書』), 2005, マタイ福音書 7:3, p. 10; ルカ福音書 6:42, p. 99.

生きた預言者イザヤに関する記録であるイザヤ書53章に、メシア、すなわちイエスについての予言が出てくるが、700年後にそのとおりに実現した[22]。旧約のヨナ書には、預言者ヨナが神の言葉に逆らって他の都市に行く途中、大きな魚に飲み込まれ、3日間魚の腹の中に閉じ込められた後、外に生きて出てくる場面がある[23]。これはイエスが死んで3日後に復活することを予言した場面だ。イエスは人々が神の息子だという証を見せろと言った時、「ヨナのしるししか見せるしるしがない。ヨナが昼夜3日間大きな魚のお腹の中にいたように、人の子も昼夜3日間地の中にいるだろう」と言った[24]。旧約の最後の部分であるマラキも新約とつながっている。マラキ4章5節に預言者エリヤを遣わすと記録されている。これはイエスに先立って生まれ、イエスの道を整えた洗礼ヨハネを意味する[25]。

詩篇22編はキリストの受難を予言した1節で有名だ[26]。詩篇22章1節でダビデが「わが神、わが神。なにゆえ私をお見捨てになるのですか」と泣き叫ぶ[27]。イエスも十字架につけられた時「わが神、わが神。どうして私をお見捨てになったのですか」と泣き叫ぶ[28]。詩篇22章18節を見ると、ダビデが「私の衣服

---

22)『성경』(『聖書』), 2005, イザヤ書 53 章, pp. 1033-1034.

23)『성경』(『聖書』), 2005, ヨナ書 1:17-2:10, p. 1288.

24)『성경』(『聖書』), 2005, マタイ福音書 12:39-40, p. 18; ルカ福音書 11:29, p. 112.

25)『성경』(『聖書』), 2005, マラキ書 4:5, p. 1331; マラキ書 3:1, p. 1329; イザヤ書 40:3, p. 1014; マルコ福音書 1: 2-8, p. 53.

26)『성경』(『聖書』), 2005, 詩篇 22 章, pp. 817-819; マタイ福音書 27 章, pp. 49-52; マルコ福音書 15 章, pp. 82-84; ルカ福音書 23 章, pp. 136-139; ヨハネ福音書 19 章, pp. 180-182.

27)『성경』(『聖書』), 2005, 詩篇 22:1, p. 817.

28)『성경』(『聖書』), 2005, マタイ福音書 27:46, p. 50; マルコ福音書 15:34, p. 84.

を分け、着物をくじ引きにする」と悲嘆する一節が出てくる。この一節はイエスが十字架に釘づけされ、実際にローマ軍人たちがイエスの服を手に入れようとくじを引いて分ける場面を予言する[29]。

旧約の最初の部分は神が世界を創造する創世記から始まる。創世記は英語で genesis と言うが、韓国の自動車名「ジェネシス」からもわかるように、はるか昔の創世記が 21 世紀初めの韓国にも影響を及ぼしていることがわかる。

創世記で政治学的に重要な意味を含んでいる部分は、神が男と女を創造した後、アダムとイブに祝福を与える場面だ。神はアダムとイブに、地を征服せよ、海と地、空にある全ての生き物を支配せよと言っているが[30]、政治学者たちはこの部分から近代化理論が始まったと解釈している。近代化は人間が道具を使って自然を征服することであり、自然を征服する正当性はまさに聖書の創世記部分から出ている。

新約の最初の部分はイエスの行跡を記録した四つの福音書で、マタイ福音書、マルコ福音書、ルカ福音書、ヨハネ福音書で構成されている。その次はイエスが復活した後の使徒たちの行跡を記録した使徒行伝だ。その次に出てくる部分のほとんどは使徒パウロが書いた手紙で、ローマ教会に送った手紙はローマ書、エフェソ教会に送った手紙はエフェソ書と呼ばれる。新約の一番最後はイエスの 12 弟子の一人だったヨハネが書いたヨハネの黙示録だ。

聖書の内容は膨大で時間的にも長い。したがって、ここでは

---

29) 『성경』(『聖書』), 2005, マタイ福音書 27:35, p. 50; マルコ福音書 15:24, p. 84; ルカ福音書 23:34, p. 138.

30) 『성경』(『聖書』), 2005, 創世記 1:26, p. 28, p. 2.

主に政治学的意味を見出すことができる部分を重点的に論じようと思う。

聖書、特に旧約に出てくる内容は歴史的事実なのか、虚構なのか。創世記には人間が目指す理想郷が出てくるが、そこがエデンの園だ。神が人間のために設けたエデンの園は実際に存在したのだろうか。一部の考古学者はエデンの園を北部アフリカと推定し、聖書の内容が事実だと主張する。この主張を裏付けるかのように、創世記 5 章には人類の祖先であるアダムから大洪水から人類を救ったノアまでの系譜が出ている[31]。ノアからアブラハムまでの系譜は創世記 10 章から 11 章に出てくる[32]。

新約の最初の部分であるマタイ福音書にはアブラハムからイエスまでの系譜が順に並んでいる[33]。これを根拠に聖書の内容が真実だと主張する人もいる。しかし、他の人々は聖書に出てくる話が信じられないため、聖書は古代ギリシャ・ローマ神話のようにイスラエル国民の神話だと主張する。

03 聖書と理想社会

創世記を見ると、人類の誕生神話の後、すぐに人類初の殺人が起こる。人類の祖先は神が創造したアダムだ。神はアダムを創造した後、アダムが寂しそうに見えたため、配偶者として女性であるイブを創る。アダムとイブはカインとアベルを産む。カインは農夫で、アベルは羊飼いだった。歳月

31)『성경』(『聖書』), 2005, 創世記 5 章, pp. 6-7.

32)『성경』(『聖書』), 2005, 創世記 10-11 章, pp. 12-14.

33)『성경』(『聖書』), 2005, マタイ福音書 1 章, p. 1.

が過ぎた後、カインとアベルは祭祀を行った。カインは地の実りを、アベルは脂がのった羊の初子を捧げた。ヤハウェはアベルの捧げ者は受け入れたが、カインの捧げ者は受け入れなかった[34]。聖書にはその理由が出ていないが、神学者たちはカインが真心を込めて祭祀を行わなかったためだと推定する。カインは神に愛された弟アベルを妬み、アベルを殺す[35]。これが人類初の殺人だ。

神はカインがアベルを殺したことを知っていながら、カインの態度を見ようと「お前の弟アベルはどこにいるのか」とカインに尋ねた。カインは「知りません。私は弟の番人でしょうか Am I my brother's keeper?」と答えた[36]。

神はカインに罰を与え、エデンの東に追放した。カインはヤハウェに、私に出会う者は誰でも私を殺すだろうと震えながら言った。神は、カインを殺す者は罰を 7 倍も受けるだろうと、カインにしるしを与えた[37]。これによりカインは出会う全ての人に殺されなくなった[38]。人類初の殺人と兄弟間の葛藤を題材にした小説が、他ならぬノーベル文学賞受賞者であるジョン・スタインベックの『エデンの東』だ。

人類初の殺人の話は、聖書が旧約の最初の部分から現実世界の暗い面を赤裸々に見せていることを示している。しかし、旧

34)『성경』(『聖書』), 2005, 創世記 4:2-5, p. 5.

35)『성경』(『聖書』), 2005, 創世記 4:8, p. 5.

36)『성경』(『聖書』), 2005, 創世記 4:9, p. 5.

37)『성경』(『聖書』), 2005, 創世記 4:15, p. 5. 神がカインに与えたしるしが何なのかは定かではない。学者たちは旧約エゼキエル書 9 章 4 節、6 節、出エジプト記 13 章 9 節、申命記 6 章 8 節を例に挙げ、額のしるしと解釈する。R. W. L. Mobrly, "The Mark Of Cain-Revealed At Last?," *Harvard Theological Review*, 100:1, January 2007, p. 12.

38)『성경』(『聖書』), 2005, 創世記 4:14-15, p. 5.

約は予言書であるため、政治思想と同様、理想社会に対する内容も含んでいる。旧約イザヤ書でメシアを待つ内容は、人類が理想社会を渇望する願いを代表的に表していると解釈することができる。

旧約の人物の中で理想社会を象徴する人物はヨセフであると言える[39]。ヨセフはユダヤ人が信仰の先祖だとみなすアブラハムの曾孫だ。言い換えれば、アブラハムは人類初の人間であるアダムの子孫だ。アダムの孫ノアの3人の息子のうち、長男であるセムの子孫だ。アブラハムの息子はイサクで、イサクの息子はヤコブだ。ヤコブには12人の息子がいたが、ヨセフは11番目の息子だ。ヤコブは老年に得た息子であるヨセフを特に愛し、色とりどりの服を着せた。兄たちはそのようなヨセフを妬んだ。古代ユダヤでは布地を染めるのに費用がかかったため、色のある服は経済的に余裕のある人々が着ていた。

ヨセフはある日、自分が見た夢について兄たちに話した[40]。ヨセフが畑で穀物を結わえていたが、ヨセフの束はまっすぐ立ち、兄たちの束はヨセフの束を囲んでひれ伏したと。兄たちはヨセフの夢の話を聞いて、お前が我々の王になるかと非難し、ヨセフをさらに憎んだ。ヨセフが再び夢を見て、兄たちに言った。私はまた夢を見たが、太陽と月と11の星が私にひれ伏しているのだと。ヨセフは兄たちだけでなく父にも話すと、父のヤコブが

---

39) 『성경』(『聖書』), 2005, 創世記 37-41 章, pp. 57-65. 旧約には夢が15個出てくるが、このうちヨセフの夢が理想社会やビジョンを意味する代表的な夢だ。Laura Auick, “Dream Accounts in the Hebrew Bible and Ancient Jewish Literature,” *Currents in Biblical Research*, 17:1, October 2018, p. 11.

40) 聖書では、夢はしばしば神の啓示、将来の計画を表す。Judith Corey, “Dreaming of Droughts: Genesis 37.1-11 in Dialogue with Contemporary Science,” *Journal for the Study of the Old Testament*, 38:4, May 2014.

「私もお母さんもお兄さんたちもお前にひれ伏すというのか」とヨセフを叱った。ヨセフの兄たちはヨセフをさらに妬んだが、父親はこのことを心に留めた[41]。

ヨセフの夢により、兄たちはヨセフを「夢見る者」と嘲弄して呼んだ。父親のヤコブがヨセフを兄のところへ使いに出したが、兄たちはこの隙を狙ってヨセフを殺そうとした。しかし、兄の一人であるユダの提案で、ヨセフを殺さず奴隷商人に売ってしまう[42]。イエスはユダの子孫だ。おそらくユダがヨセフを殺そうとする略行に加担しなかったため、祝福を受けて彼の子孫からメシアが出てきたようだ。

ヨセフはエジプト王の侍従長ポティファルに奴隷として売られた。ヨセフは悲惨な境遇にも屈することなく熱心に働き、ポティファルの信任を得ることになった。しかし、ポティファルの妻の誘惑を断り、むしろ監獄に閉じ込められることになる。ヨセフは監獄でエジプト王パロの臣下の夢を見たことをきっかけに、パロの夢も解き明かし、エジプトの宰相に抜擢される。ヨセフが奴隷としてエジプトに売られてから 13 年後のことだ[43]。

上で見てきたように、ヨセフは夢、すなわち理想を持っていたため、他国に奴隷として売られ、監獄に閉じ込められる悲惨な境遇に置かれても、屈することなく自分の夢を実現することができた。ヨセフで見られるように、人間にとって夢は不可能なことを可能にする大きな力であり、不屈の意志を持たせる原動力と言える。現実がいくら苦しくても夢を持っていれば克服でき、いつかは夢を叶えることができる。そのため、一般の人々も政治思

41) 『성경』(『聖書』), 2005, 創世記 37:5-11, p. 57.

42) 『성경』(『聖書』), 2005, 創世記 37:19-28, p. 57.

43) 『성경』(『聖書』), 2005, 創世記 39:1-41:43, pp. 60-65.

想家も夢を諦めず、どうすれば個人の夢を叶えることができるのか、どうすれば理想社会を実現できるのかに没頭するのだ。現実は理想的ではないため、人類が存在する限り、理想社会に対する追求は永遠に続くだろう。人間は夢があってこそ、大変で難しい現実を克服できるのだ。

04 ラザロの死と復活：人間解放宣言

新約聖書で最も重要な福音書はヨハネ福音書とローマ書だ。ヨハネ福音書にはマタイ、マルコ、ルカの福音書にはなく、ヨハネ福音書にだけ出てくるエピソードがいくつかある。ここでは、ラザロの死に関連する部分を見てみようと思う[44]。

ラザロはイエスが愛するマグダラのマリアの男兄弟だ[45]。イエスは貧しく無力な人々を愛した。その中でもマグダラのマリアの家をたまに訪れているのを見ると、マリアの兄弟たちを特に愛していたようだ。ラザロが病気になり、姉たちがイエスに人を送ってラザロの病気を癒してくれるように要請した。しかし、イエスはなぜかラザロを治しに行かなかった。ラザロが病気になったという話を聞いても、滞在していたところに2日間滞在した後、ラザロの家に行った[46]。イエスがラザロの家に行くと、ラザロが墓に入ってすでに4日が過ぎていた。それでも、イエスはラザロの墓に行き、大声で「ラザロ、出て来なさい」と言った。

44)『성경』(『聖書』), 2005, ヨハネ福音書 11:1-44, pp. 164-166.
45) ヨハネ福音書にはラザロがマリアの兄なのか弟なのか正確に書かれていない。
46)『성경』(『聖書』), 2005, ヨハネ福音書 11:14, p. 165.

死んだラザロが手足を巻かれたまま、顔は布に覆われたまま出てきた。イエスが「ほどいてやって、行かせなさい[47]」と言うと、亡くなって4日経ち、死体から腐敗する臭いがしたラザロが再び生き返ることになった[48]。

イエスが死んだラザロを生かした奇跡は、死んだラザロが再び生き返ることで、宗教的にはイエスが全知全能な神の息子であることが確認される場面だ。しかし、この部分を政治的に解釈すると、イエスの釈放を求める言葉は、我々が現実を生きていく時に直面する様々な束縛から抜け出し、自由に暮らせという意味になる。マルクス以来、いやプラトン以来、人々が現実社会で最も重く感じる束縛は階級の束縛だろう。階級と貧富の差による束縛以外にも、人種、性別、地域、学閥、宗教的な差別によって、人々は様々な縛りに縛られて暮らしている。もちろん現代は古代や中世のような奴隷制や農奴制がない自由な社会だ。しかし、階級をはじめとする様々な束縛は、現在も人々を縛りつけているのが事実だ。したがって、イエスは人々を拘束している束縛から抜け出し、全ての不平等を打破して現実でも暮らしやすい社会を築けと

47) 『성경』(『聖書』), 2005, ヨハネ福音書 11:43-44, p. 166.

48) ラザロを生かした事件は、聖書のテーマであるイエスの復活、救援、愛を表す代表的な例だと解釈できる。イエスが死んだラザロを生かした奇跡はイエスの十字架の死を促すことになる。なぜなら、この事件によって多くの人々がイエスを信じるようになり、ユダヤ人と宗教指導者たちがイエスを殺そうと謀議したためだ。イエスはラザロを救えば自分が死ぬことを知っていた。しかし、イエス自身が十字架で死んでこそ、他の人々の罪を救い、生かすことができるため、ラザロを死から救ったと言える。J. S. Randolph Harris, "John 11:28-37," *Interpretation*, 63:4, October 2009, p. 177. イエスの死が人を助けるという意味は、ヨハネ福音15章13節のイエスの言葉から現れる。「友のために自分の命を捨てること、これ以上に大きな愛はない」Rev. Anne Robertson, "John 11: 1-53," *Interpretation*, 58:2, April 2004, p. 175.

いうメッセージを投げかけていると解釈できる。

このような筋道で、イエスは「真理があなたたちを自由にする」と教えた[49]。聖書で真理は神の言葉を意味するが、広く解釈すれば、現実で我々を拘束している我々の外面の外部的な束縛から抜け出し、真の自由を享受しろということを意味する。

イエスはこの世に来て、力のある者と裕福な者の味方になったのではなく、力のない者と貧しい者、病人の友になった。ラザロの奇跡からもわかるように、イエスの教えと行為は、現実で冷遇され蔑視される人々の友になり、色々な形態の抑圧で奴隷状態にある人々を解放し、救おうとすることに目的がある。

ヨハネ福音書にだけ出てくるもう一つのエピソードがある。それはイエスがベテスダ池で38年間病気だった者を治した事件だ[50]。エルサレムにある羊の門[Sheep Gate 51]のそばに、ヘブライ語で「ベテスダ」という池がある。そこに五つの廊があり、その中に多くの病人、盲人、足なえ、やせ衰えた者などが横たわり、水が動くのを待っていた。これは天使がたまに池に降りてきて水を動かすが、水が動いた時に真っ先に入る者はどんな病気にかかっても治るためだった。そこに38年の間、病に悩む者がいた。イエスが横たわるその者を見て、また長い間患っていたことを知って、「治りたいのか」と尋ねた[52]。病人は、水が動く時に私を池に入れてくれる人がおらず、私が入りかけると他の人が先に降りて行くため、病気を治すことができなかったと答えた。イ

49)『성경』(『聖書』), 2005, ヨハネ福音書 8:32, p. 159.

50)『성경』(『聖書』), 2005, ヨハネ福音書 5:2-18, pp. 149-150.

51) 羊が出入りする門 (Sheep Gate), *The Holy Bible*, 2002, John 5:2, p. 891.

52)『성경』(『聖書』), 2005, ヨハネ福音書 5:6, p. 150.

エスが「起きて、あなたの床を取りあげ、歩きなさい」[53]と言うと、その人はすぐに癒され、床を取りあげて歩いて行き、病気の治療を受けて歩けるようになった。イエスが 38 年間患っていた病人を治した日は安息日だった。

ベテスダ池の奇跡が示唆する宗教的意味もイエスが神の真の息子だという点だ。これによってユダヤ人たちはイエスを殺そうとした。それは、ユダヤ人が何もできない安息日にイエスが病人を治して安息日を犯しただけでなく、神を自分の父と言って自分を神と同等だと言ったためだった。

ところで、この事件でイエスが言った言葉の中に注目すべき部分がある。イエスは病人を治す前に、まず病人に「治りたいのか」と尋ねた点だ。イエスは神の息子として、望めばどんな病気でも治すことができる能力を持っていた。しかし、イエスは病気を治す前に、病人に「治りたいのか。あなたは病気を治すために自ら何をしたのか。病気を治そうとする意志が本当にあるのか」と先に尋ねたのだ。

イエスが病人に投げかけた質問を吟味してみると、奇跡が起きるためには、神の恩寵だけでなく本人の意志と努力も重要だということがわかる。結局、イエスが投げかけたこの問いは、奇跡が起きる前提条件として、本人が神を信じて神に切にすがることが必要であり、それに加えて、束縛から抜け出そうとする人間の内面的意志が一緒に合わさる時に奇跡が起きるという意味を含んでいる。西洋のことわざの「天は自ら助くる者を助く」がこれに似ていると言える[54]。

53) 『성경』(『聖書』), 2005, ヨハネ福音書 5:8, p. 150.

54) 'Heaven helps those who help themselves' ということわざで、人間が自ら努力してこそ天も助けるという意味を持っている。

この二つの奇跡を総合すると、前述のラザロが死から生き返ったのは、人間を縛っている階級、人種、性別、学閥などの外面的な縛りから抜け出せという意味であり、38年間患っていた病人が歩くようになったのは、人間を内面から縛りつけている内面的な束縛から抜け出せという意味だ。ここで我々は、キリスト教が人間を取り囲んでいる社会制度などの外面的束縛と、人間を内面から縛りつけている内面的束縛の両方から解放する宗教だという点がわかる。キリスト教はどんな現実の政治学理論よりも高いレベルの改革的思想を持っていると言える。

人間を抑圧している外部的束縛と内面的束縛から抜け出そうというキリスト教の教えは、古代ギリシャのアレテの精神と関連付けることができる。古代ギリシャ人は、人間が生まれる時に潜在力を持って生まれ、このような潜在力は都市国家の中で政治に参加する時に完全性として発現されると考えた。潜在性から完全性に発展する人間の特性を古代ギリシャ人はアレテと呼んだ[55]。アレテの思想は古代ギリシャ思想に心酔したルソーにも見られる。ルソーは、人々が先に政治的に単位が小さい地方自治水準で政治に参加し、ここで能力と潜在力を育てた後、中央政治に進出できると述べている。

キリスト教は神中心の宗教であり、人間の意志は重要ではなく、神の意思が人生を決定するものと理解されている。しかし、上記の二つの奇跡からもわかるように、キリスト教は人間が外面的、内面的な束縛から抜け出し、人間が持っているアレテを完成させることができると教えていることから、キリスト教が人間を完全に排除せず、人間的要素も含んでいることがわかる。

---

55) Bowra, 1957, p. 211.

05 ローマ書と王権神授説

王の権力が神から出たという王権神授説は、キリスト教が政治学に影響を及ぼした代表的なケースだ。この理論の聖書的根拠は使徒パウロが書いたローマ書13章にある。使徒パウロは次のように説教している。「全ての人は上に立つ権威に従うべきです。神によらない権威はなく、全ての権威は神によって立てられたものだからです。権威に逆らう人は神の定めに背く人です。背いた人は自分の身に裁きを招きます。支配者はあなたに益を与えるための神のしもべです。彼は無意味に剣を帯びてはいないからです。彼は神のしもべであって、悪を行う人には怒りをもって報います。ですから、ただ怒りが恐ろしいからだけでなく、良心のためにも従うべきです。あなたが貢を納めるのも同じ理由です」[56]。

使徒パウロがなぜ王権神授説を主張したのかを理解するため、まず、使徒パウロがどんな人なのかを調べる必要がある。使徒パウロの本来の名前はサウロだ。彼はユダヤ人だったが、ローマ市民権を持ち、学識を備えた上流階級の出身だった。サウロはイエスを信じる人を捕まえて迫害した人だった。サウロがイエスを信じる人を捕まえようとダマスコ現在シリアのダマスカスに向かっていると、突然天からの光が彼を囲い照らした。サウロが地面に伏せると、「サウロ、なぜ私を迫害するのか」という声が聞こえた[57]。サウロは「あなたはどなたですか」と尋ねると、「私はあな

56)『성경』(『聖書』), 2005, ローマ書 13:1-7, pp. 257-258; *The Holy Bible*, 2002, Romans 13:1, p. 948.

57)『성경』(『聖書』), 2005, 使徒行伝 9:4, p. 202.

たが迫害しているイエスだ。立って、町に入りなさい。あなたがなすべきことが知らされる」と答えた[58]。共にいた人たちは音だけ聞き、誰も何も見えず、ものも言えずに立っているだけだった。サウロは地から立ち上がって目を開けたが、何も見えなくなっていた。人の手に引かれてダマスコに入ったが、3日間目が見えず、食べることも飲むこともしなかった。その後、サウロは主が言ったとおり、目からうろこのようなものが剥がれて再び目が見えるようになった。サウロは洗礼を受けて新しい人に生まれ変わり、名前をパウロに変えてイエスを伝道した[59]。

使徒パウロが王権神授説を主張したローマ書を執筆した時期は、およそ55-57年と推定される。この時期は暴君ネロがローマの皇帝だった時期（54-68年）だ[60]。神に直接会う神秘的な宗教的体験を経験したパウロは、誰よりも神を絶対的に信じるようになった。したがって、パウロには実在として存在する神を伝播することが何よりも重要な目標だった。ローマに住むキリスト教徒たちが権力と衝突して迫害を受け、神を伝道するのに支障があってはならないため、ローマ教徒たちに送る手紙であるローマ書で世俗権力に服従せよと述べたようだ。また、使徒パウロが支配者に対する服従を強調した理由は、国民のために善を行使しない支配者を支持するのではなく、当時のローマ・キリスト教徒が権力に抵抗して迫害を受けることを憂慮して支配者に服従しろと述べたと解釈される[61]。

---

58)『성경』(『聖書』), 2005, 使徒行伝 9:6, p. 202.

59)『성경』(『聖書』), 2005, 使徒行伝 9:1-31, pp. 202-203; 使徒行伝 13:9, p. 209.

60) T.L. Carter, "The Irony of Romans 13," *Novum Testamentum*, 46:3, July 2004, p. 210.

61) Beverly Roberts Gaventa, "Reading Romans 13 with Simone Weil: Toward a More Generous Hermeneutic," *Journal of Biblical Literature*, 36:1, January 2017.

イエスの弟子たちは漁師たちで、彼らは読み書きができなかった。しかし、使徒パウロは学識の高い人だったため、使徒パウロによってイエスの教えが著述され、全世界に広がるようになった。新約のうち、イエスの行跡を盛り込んだ四つの福音書を除いた残りは、ほとんど使徒パウロが執筆したものだ。

使徒パウロは福音を先にアジアへ伝えようとしたが、聖霊にアジアで言葉を語ることを禁じられたため、マケドニアに伝道することになり、それによってキリスト教が西洋に伝播した[62]。西洋人たちはこの部分を根拠に、神が西洋を祝福したと主張する。しかし、これもイエスが白人だという主張と同じく、西洋の優越主義を掲げるための論理と見られる。西洋人はキリスト教が全世界の人々に及ぼした影響力が大きいため、彼らの主張の正当性を前面に出すために聖書の権威を借りる場合が多い。

王権神授説について我々がここで振り返らなければならない部分がある。なぜ、使徒パウロは支配者の権威に無条件に従うように述べたのだろうか 第一に、使徒パウロは権威が神から出てくるためだと言った。したがって、権威に逆らう者は神の命令に逆らうことだと言った[63]。これを根拠に、民は王の権利に絶対的に服従しなければならない義務がある。第二に、支配者が民に善を施すためだ。そのため、民は何の疑問も持たずに王に従い、租税を捧げなければならない[64]。

ところで、ここで支配の正当性と服従の正当性に対する疑問が生じる。王が善を施すために民が服従しなければならないなら、王が善を施さず、暴政と独裁を行う時にも国民が服従し

62) 『성경』(『聖書』), 2005, 使徒行伝 16:6-10, p. 215.
63) 『성경』(『聖書』), 2005, ローマ書 13:1-2, p. 257.
64) 『성경』(『聖書』), 2005, ローマ書 13:4-6, p. 257.

なければならないのかという問題だ[65]。この場合にもキリスト教は「民は君主に抵抗せず、無抵抗 non-resistance と受動的服従 passive obedience をしなければならない[66]」と教える。この問題は中世を通して論争の的となった。キリスト教の影響からか、中世の時期には君主が暴政を行っても国民は抵抗しなかった。もちろん中世にも不満はあった。しかし、不満の目標は王を追い出すことではなく、地方官吏の過ちを是正してほしいということだった。そのため、学者たちは中世の時に現れた抵抗を農民革命と呼ばず、農民反乱と呼ぶ。国民が王を追い出そうとする革命を起こした試みは、中世が終わって長い歳月が経った1789年のフランス革命に至ってから可能になった。

06 古代ギリシャのヒューマニズムとキリスト教の神本主義

聖書の核心的メッセージは「神を愛し、隣人を自分のように愛しなさい」だと言うことができる[67]。この言葉は結局、神への愛と隣人への愛の二つに要約できる。言

65) この問題に対する使徒パウロの立場については、学者によって見解が異なる。Ryan McAnnally-Linz, "Resistence and Romans 13 in Samuel Rutherford's Lex, Rex," *Scottish Journal of Theology*, 66:2, April, 2013; Canon Dr. Ron Cassidy, "The Politicization of Paul: Romans 13:1-7 in Recent Discussion," *Expository Times*, 121:8, May 2010.

66) John Neville Figgis, *The Divine Right of Kings*, Cambridge: Cambridge University Press, 1922, p. 7.

67) 『성경』(『聖書』), 2005, ルカ福音書 10:27, p. 110; マタイ福音書 22:37-39, p. 38; マルコ福音書 12:30-31, p. 76.

い換えれば、神の愛は隣人と他の人を愛する時に完成するという意味だ。これは、神だけが強調され、人間はいないという伝統的な神本主義的キリスト教の解釈とは異なり、キリスト教にも人を重視する古代ギリシャのヒューマニズムの要素が神中心思想のように共存していることを示している。

また、聖書に出てくるタラントの理論はプラトンの機能理論と同じだ。マタイ福音書 25 章 15 節に、プラトンの機能と同じ意味を持つタラントのたとえ話が出ている。神が「各自の能力に応じて人々にタラントを与えた」という比喩がまさにそれだ[68]。使徒パウロはローマ書 12 章 6–8 節で「私たちは与えられた恵みに従って、それぞれ異なった賜物を持っているので、もしそれが預言であれば、その信仰に応じて預言しなさい。奉仕であれば奉仕し、教える人なら教えなさい。... 指導する人は熱心に指導を ... しなさい」と述べている[69]。与えられた恵みに従ってという言葉は、人はそれぞれ神から受けた恵みが異なり、受けた恵みどおり、すなわち我々の能力通りに引き受けた仕事を担当しろという意味だ。これはプラトンが『国家』で主張した「誰もが自分が最もうまくできる一つの機能で国家のために働かなければならない」と同じだ[70]。

使徒パウロの手紙にはアリストテレスの思想と一致する部分がある。ローマ書 12 章 4–5 節を見ると「一つの体には多くの器官があって、全ての器官が同じ働きをしないように、大勢いる私たちも、キリストにあって一つの体であり、ひとりひとり互いに

68)『성경』(『聖書』), 2005, マタイ福音書 25:15, p. 43.

69)『성경』(『聖書』), 2005, ローマ書 12:6-8, p. 257.

70) Plato, 1941, p. 38.

器官なのです」と書かれている[71]。部分と全体の調和を強調するこの部分は、アリストテレスのシステム理論に似ている。アリストテレスは個人と国家の関係を部分と全体の関係に例えている。全体はいくつかの異なる部分で構成されており[72]、部分の線は全体の線と連結して考えなければならない[73]と主張しているが、この論旨は使徒パウロの論旨と同じ内容だ。アリストテレスは、部分が集まって全体を構成するため、比例と均衡[symmetry]が全体の法則にならなければならないと主張する。なぜなら、一部分が異常に大きくなると、全体のバランスが維持できないからだ[74]。この主張は、全ての階層が均等に豊かに暮らすべきという理論に発展する。しかし、部分が全体のために犠牲にならなければならないという主張は、他の側面から見た場合、全体主義に変質しかねない可能性を内包している。

ある主張が様々な側面で異なって解釈される可能性があるという多様性が政治思想の醍醐味とも言えるし、逆に政治思想が難しいという評価を受ける理由でもある。しかし、多様な解釈を通じ、盲目的に一つのイデオロギーだけを追従する一元主義の危険から脱することができる。

人間を重視する古代ギリシャのヒューマニズムと、神を重視する中世キリスト教思想が類似しているのはなぜだろうか。その理由は、どんな社会や時代でも時間と場所を問わず、学問と宗教などが今より良い理想社会を建設するために作られるためだ。キリスト教は、一部の神学者が主張するような現実と完全にかけ離

---

71)『성경』(『聖書』), 2005, ローマ書 12:4-5, p. 257.

72) Aristotle, 1958, p. 92.

73) Aristotle, 1958, p. 37.

74) Aristotle, 1958, p. 209.

れた来世だけを扱う宗教ではない。キリスト教の目的は来世だけでなく、現実でも暮らしやすい世の中を建設することにある。もちろんキリスト教で実現しようとする現実の暮らしやすい世の中は、主の祈りの「みこころが天で行われるとおり地でも行われる」だ。それは神の意思が具現され、天にある国のような世の中がまさにこの地に現実の国家として存在することを意味する。

Chapter 04

近代の政治思想

MYTH · BIBLE · LITERATURE
&THE WESTERN POLITICAL THEORY

Chapter 04

近代の政治思想

01 マキャヴェッリの君主論

Niccolo Machiavelli

近代政治思想の扉を開いた先駆者マキャヴェッリ。フィレンツェのサンタクローチェ教会にある彼の墓地の碑文には「そのような名前には賛辞が必要ない」と書かれている[1]。あまりにも有名で賛辞が必要ないマキャヴェッリ。彼は悪徳が徳だと一喝し、古代・中世以来受け継がれてきた善良な人生に対する教えを果敢に否定し、徹底的に世俗的な思想を伝播した。マキャヴェッリの『君主論』は彼の死後発刊されたが、彼が及ぼした

1) Germino, 1972, p. 20.

悪徳の影響があまりにも大きく、ローマ法王庁は『君主論』を含むマキャヴェッリの全ての著作を禁書に指定した。しかし、皮肉にも悪徳を美化した『君主論』は、今でも多くの政治家の必読書となっている[2]。

マキャヴェッリの『君主論』は悪魔からインスピレーションを受けて書かれた本だと認識されてきた[3]。悪の代名詞マキャヴェッリの外見はどうだっただろうか。身長は中間程度で体格は痩せており、目はキラキラと輝き、頭は黒く、頭の大きさはやや小さく、鼻は少しワシ鼻で、口は固く閉じている姿だ。マキャヴェッリの外見だけを見ると、他の人々に大きな影響力を及ぼすようには見えない。マキャヴェッリは口の端にいつも冷笑的な表情を浮かべており、目は光っていて冷たく、無感覚で計算高い雰囲気を漂わせている。それにもかかわらず、強力な想像力がマキャヴェッリを支配しており、彼を幻想的なビジョンに導く[4]。

『君主論』は1640年にイギリスで初めて英語に翻訳された。マキャヴェッリにはすでに悪の化身という汚名がついており、サタンを意味するOld Nickと呼ばれていた[5]。マキャヴェッリを悪

2) マキャヴェッリの『君主論』はマキャヴェッリ死後の1532年に発刊された。最初は評判が良かったが、マキャヴェッリが悪徳、暴君政治を擁護する人物と解釈され、16世紀半ばから批判的な見解が出現した。1559年、ローマ法王庁はマキャヴェッリの『君主論』と彼の全ての著作を禁書に指定した。しかし、マキャヴェッリに対する評価は歴史的に数回の変化を経て、彼の思想は生き残った。現在、マキャヴェッリの政治思想が政治学で大きな影響力を占めていることは否めない。Jacob Soll, "The Rerception of the Prince 1513-1700, or Why We Understand Machiavelli the Way We Do," *Social Research*, 81:1, Spring 2014, p. 31.

3) Niccolo Machiavelli, *The Prince,* tr. with an introduction by George Bull, New York: Penguin Books, 1980, p. 9.

4) Machiavelli, 1980, p. 17.

5) Machiavelli, 1980, p. 9,

魔と初めて関連付けたのは、おそらく16世紀イギリスのカンタベリー大司教だったレジナルド・ポール Reginald Pole、1500-1558 だと推定される[6]。ポール枢機卿はイタリアでマキャヴェッリの『君主論』を読み、次のように非難した。「この本は文明の基礎を攻撃する。この種の本は人類の敵によって執筆されたに違いない。この本は宗教と正義と徳を志向する人間の属性を、どんな方法を使ってでも破壊しようとしている[7]」。アメリカの代表的な政治思想家レオ・シュトラウスもマキャヴェッリを悪の先生 teacher of evil と酷評した[8]。政治家を嘘つきで腐敗し、非道徳的に見る否定的な見解もマキャヴェッリによって始まった。

しかし、マキャヴェッリの人間の本性に対する鋭い省察、ストレートで力のある激情的な文体、現実政治に対する洞察力と歴史に対する豊富な知識、理想国家ではなく現実政治で君主が取るべき態度と策略についての教え、祖国イタリアに対する愛国心などは、マキャヴェッリ個人の波乱万丈な一生とともに、『君主論』を政治思想分野における古典に押し上げた。マキャヴェッリの現実政治に対する分析と理論は、現在の21世紀の政治の分析にも妥当であるだけでなく、多くの学者にインスピレーションを与え、今後もそうであることは明らかだ。

マキャヴェッリ Niccolor Machiavelli, 1469-1527 は1469年イタリアのフィレンツェで生まれた。フィレンツェは商業と金融業が発達し、近代ルネサンスを起こした代表的な都市で、ダンテ 1265-1321

---

6) Mark Jurdjevic, "Virtue, Fortune, and Blame in Machiavelli's Life and The Prince," *Social Research*, 81:1, Spring 2014, p. 2.

7) Erica Benner, *Machiavelli's Prince: A New Reading*, Oxford, Oxford University Press, 2013, p. xx.

8) Leo Strauss, *Thoughts on Machiavelli*, Chicago: University of Chicago Press, 1958, p. 11.

の故郷でもある。マキャヴェッリが生まれた当時、彼の祖国イタリアは周辺大国であるフランスとスペインの侵略を受ける弱小国に転落した状態だった。内部的には、大きく五つの国家である教皇庁、ミラノ公国、ヴェネツィア共和国、フィレンツェ共和国、ナポリ王国と多くの自治都市国家に分かれていた。

マキャヴェッリの政治思想とプラトンの政治思想の出発は似たような背景を持っている。プラトンの政治思想がペロポネソス戦争で祖国のアテネが敗れたことに衝撃を受けて出現したように、マキャヴェッリの政治思想もイタリアの分裂と没落に衝撃を受けて出現した。マキャヴェッリが『君主論』を執筆した理由は、メディチ家のロレンツォ君主に献上した献辞に表れている。マキャヴェッリは明らかに再び政庁の職に戻りたい私的な理由から『君主論』を執筆した。しかし、私的な動機のほかに公的な動機もある。マキャヴェッリは古代ローマ帝国の輝かしい栄光を享受した母国イタリアが、小さな国に分裂して衰退した現実に悲痛な気持ちを持ち、どうすればイタリアを復活させることができるかを模索するために『君主論』を著した。

1) マキャヴェッリの学問世界

マキャヴェッリは『君主論』で、君主が国家を維持するために何をどのようにすべきかについて説いているが、一般の人々は書き方についても大きな教訓を得ることができる。マキャヴェッリは『君主論』の冒頭部分に出てくる「君主に捧げる献辞」で、長年にわたり多くの困難と危険を経験しながら悟った内容を、君主がごく短い期間で理解できるよう、もったいぶった文末の韻律や大げさな美辞麗句で飾らなかったと明らかにしている。他の人々は自分が叙述した内容を飾るため、習慣的に上記の方法を使うが、マキャヴェッリは自身の本、すなわち『君主論』が、多様な内容とテーマの重要性だけで、他の本とは差別化され評価されることを望むと記述した[9]。

マキャヴェッリが傲慢さと自信を持って断言した通り、文章を書く人が内容を完全に習得していれば、マキャヴェッリのように修辞語を使わず、著者が言おうとする意図を直接的で簡単に表現することができる。華やかで難しく長い文章を書く人は、自身が言おうとする内容をよく知らなかったり、他人の著作を写したりする人たちだ。マキャヴェッリが本を捧げたロレンツォ君主が『君主論』を読んだかどうかは明確に知られていない。しかし、最初のページに出てくる献辞を読んだなら、きっと『君主論』を最後まで全て読んだだろう。文章は単純で内容が豊富でテーマが重要なものだ。さらに、この本が最近起きた事件だけでなく、過去の偉大な人物に対する知識まで全て含んでいるというのに、どの君主が『君主論』の誘惑を振り切ることができるだろうか。

マキャヴェッリが過剰な修辞語なしに平易に文を書く方式は、彼の学問的成熟さから始まる。マキャヴェッリは1498年の若干29歳の時、フィレンツェ共和国政府で外交業務を管掌する第2長官に任命され、1512年にメディチ家が復活するまで在職した。マキャヴェッリはメディチ家が政権を奪還したときに公職を解任された。マキャヴェッリの不運はここで終わらず、メディチ家に反対する陰謀に加担したとして拷問を受け、投獄された。彼は1か月後に釈放された。その後、マキャヴェッリはフィレンツェを離れて田舎に隠遁し、絶えず読書をしながら著述活動を続けた。ジョージ・ブル George Bull はマキャヴェッリの不運が我々に

9) Machiavelli, 1975, pp. 29-30.

利益をもたらしたとコメントしている[10]。

マキャヴェッリが隠遁生活をしていた時期である1513年に友人に送った手紙を見ると、学問に対するマキャヴェッリの真剣な態度がよく表れている。マキャヴェッリは自分の生活を次のように描写している。朝、日が昇ると起床し、木こりがどのように仕事をするのか監督をする。俗世を離れ、一人で散歩しながらダンテの詩を読む。過ぎ去った若い頃の恋愛を楽しく回想したりもする。家に帰る途中には居酒屋に寄り、人々と話をしたりカードゲームをしたりもする。

夕方、家に帰ると書斎に入る。本を通じて過去に生きてきた偉大な人物に出会い、彼らの思想を理解できるこの時間があまりにも尊いため、マキャヴェッリは土のついた汚れた服を脱ぎ、宮廷で着ていた服に着替えて礼儀を整える。そして、想像力の翼を広げて古代宮廷に戻り、過去の偉大な人物と友好的に対話する。時にはマキャヴェッリが生まれてきた目的である政治について話す。彼らが取った政策について尋ねたり、答えを聞いたりする。マキャヴェッリは過去の指導者たちと対話しながら、非常に深層的に彼らに国家とは何であり、国家をどのように獲得して維持し、なぜ失うことになったのかを尋ねる[11]。

マキャヴェッリは先祖たちと対話する4時間の間、退屈をほとんど感じず、全ての憂いと貧困に対する恐怖を忘れると述べた。また、自分自身を先祖に完全に任せると言った。我々が読んだことを記録しておかなければ、知識は得られないとダンテが述べているため、マキャヴェッリは先祖たちとの対話を通じて得た成果を記録し、本を記したと記述している。この本を現在の君主

10) Machiavelli, 1980, p. 15.

11) Machiavelli, 1980, pp. 18-19.

たち、特に新生君主たちが好むだろうから、マキャヴェッリはこの本をジュリアーノ・デ・メディチに捧げようとしていると明らかにしている[12]。

前述したように、マキャヴェッリは一日4時間、昔の人々が書いた本を読みながら、憂いと貧困も忘れ、死も恐れず学問探求に集中した。その結果、マキャヴェッリの『君主論』には、マキャヴェッリが住んでいた当時のイタリアの人物だけでなく、古代から中世に至る東・西洋の人物や事件についての理解がよく表れている。このような学問的完熟さを備えているため、マキャヴェッリは誰よりも持っている知識をひけらかさずに、簡単で明確な文章で表現することができたのだ。

2) マキャヴェッリの性悪説

『君主論』はマキャヴェッリが公職から退き、隠遁生活を送っていた時に執筆した本だ。マキャヴェッリが『君主論』を執筆したのは1513年7月から1514年初期と推定される[13]。マキャヴェッリが1513年に友人に書いた手紙からもわかるように、マキャヴェッリは『君主論』を最初はフィレンツェの統治者だったジュリアーノ・デ・メディチに捧げようとしていた。しかし、ジュリアーノの兄ジョヴァンニ・メディチが法王レオ10世に選出され、ジュリアーノもローマに一緒に行ったため、ロレンツォ(2世)・デ・メディチ 1492-1519 に捧げることになった[14]。

共和国政府で働いていたマキャヴェッリが君主に本を献呈したのは少し奇妙に思える。しかし、マキャヴェッリは共和政か君

12) Machiavelli, 1980, p. 19.
13) Machiavelli, 1980, p. 19.
14) Machiavelli, 1980, p. 29.

主政かという政府形態よりは、国家そのものに忠誠心を持っていた。『君主論』をフィレンツェ君主に捧げようとした理由は、小さくはフィレンツェ、大きくはイタリアの分裂を克服し、統一イタリアを実現するのに貢献するためだった。

『君主論』はマキャヴェッリの個人的悲劇と国家的悲劇が混在して誕生した産物だが、希望の精神が込められていると評価されている[15]。マキャヴェッリは25章「人間世界に対して運命の持つ力とそれに対決する方法について」で、人間の死の半分は運命で、残りの半分は人間の意志だと述べた。マキャヴェッリの時代はまだキリスト教と法王の影響力が大きく作用していた時期だ。したがって、運命は人間活動に介入するキリスト教の神を意味する。マキャヴェッリはイタリア統一のため、法王と人間が牛耳ることのできない運命と神の役割を縮小させること、そして、人間の意志と君主の意志で果敢に進むことを望んだ。

マキャヴェッリ個人的には、自らの力ではどうしようもない運命の力によって共和政の没落を経験した。メディチ家の登場で公職から退き、メディチ家の転覆計画に加担したという疑いで監獄に閉じ込められることになった時も、マキャヴェッリは運命の力に任せたのだろう。しかし、マキャヴェッリ自身の意志で『君主論』を執筆したことからもわかるように、『君主論』をメディチ家の君主に捧げ、運命を克服し、公職に復帰しようと試みた。1527年、フィレンツェは共和政に復帰した。しかし、マキャヴェッリはメディチ家の家臣と見なされ、公職進出の試みに失敗した。マキャヴェッリの意志が運命に屈したのか、マキャヴェッリは共和政が復帰した同年の1527年に死亡した。

15) Machiavelli, 1980, p. 10.

『君主論』がセンセーションを巻き起こすようになった理由は、何よりも君主に悪徳を行使するようストレートに忠告したからだ。マキャヴェッリが『君主論』で君主に国家を維持するために悪徳を勧告したのは、人間の本性に関するマキャヴェッリの省察に起因する。マキャヴェッリは人間の本性を善良に見た古代や中世の思想家たちとは異なり、人間の本性を悪と捉えた。もちろん西洋では東洋の性善説とは異なり、アリストテレスが提示したように共同体的特性として現れる。しかし、マキャヴェッリの人間の本性に対する理論は、古代と中世の性善説や共同体的な特性と明白に区分される。彼は人間の本性を利己的で邪悪だと理解した。

マキャヴェッリの性悪説は、『君主論』の最初の部分である3章「複合的君主権について」から現れる。マキャヴェッリは、人間は強者に弱く、弱者に強い卑劣な属性を持つと捉えている。したがって、人間を勝手にさせておくか、蹂躙（じゅうりん）してしまわなければならないと主張する。なぜなら、人間というのは些細な被害に対しては報復しようとするが、莫大な被害に対してはあえて復讐することさえしないからだ。したがって、マキャヴェッリは、君主が人々に被害を与えるためには、復讐できないほど耐え難い被害を与えなければならないと忠告する[16]。

マキャヴェッリの見解は、プラトンの『国家』の中の正義論の部分に出てくるトラシュマコスの人間の本性に対する理解と似ている。古代アテネのソフィストであるトラシュマコスは「人間は小さな罪を犯せば処罰され不名誉になるが、支配者のように全ての国民を奴隷にする大きな罪を犯せば、むしろ処罰を受けず

---

16) Machiavelli, 1980, pp. 37-38.

に豊かに暮らす」と述べた[17]。

マキャヴェッリの性悪説は第3章にも出てくる。マキャヴェッリは「人間は恩を知らず、力が大きくなると裏切るので、他人を助けてはならない」と忠告する。他人が強力になるよう助ける者は誰でも破滅を招くからだ。強力になった他人の力は、助ける者の術策と力によって生じる。ところが、術策と力、この二つの助けを受けて強力になった者[元々の弱者]が疑いを持ち、かえって助けてくれた者[元々の強者]を消そうとする[18]。

例えば、16世紀初頭、イタリアのフランス王ルイ12世は、教皇ユリウス2世とスペインのフェルディナンド2世の力が強まるよう助けたが、その結果、フランスのルイ12世はむしろイタリアから追い出されることになった[19]。したがって、国家統治術を理解する君主は、他人や他の国家の力が強くなることを許してはならない。

マキャヴェッリは7章「他人の武力または幸運によって得た君主権について」で、人間は恩を知らない存在であるため、過去に被害を与えたとすれば、新たに恩を施しても過去の被害を記憶して裏切ると述べた[20]。したがって、君主は過去に被害を与えた者を起用してはならない。チェーザレ・ボルジア Cesare Borgia、1475-1507 は、父親のアレクサンデル6世が亡くなった後、ピウス法王の短い在位期間後に新たな法王を選出する際、致命的なミスを犯した。チェーザレ・ボルジアは過去に被害を与えた枢機卿を新しい教皇ユリウス2世に選出したため、究極的には彼の破滅を

17) Plato, 1941, p. 26.
18) Machiavelli, 1980, p. 44.
19) Machiavelli, 1980, pp. 42-44.
20) Machiavelli, 1980, p. 61.

招いた[21]。

人間の邪悪な本性について、マキャヴェッリが説得力ある主張をした部分は、おそらく 17 章「残酷さと慈悲深さとについて、敬愛されるのと恐れられるのとではどちらがよいか」だろう。マキャヴェッリは、人間が親子関係より大切に考える財産に対する欲について言及している。マキャヴェッリによると、人間は何よりも自分の財産を失うことを最も惜しむ。したがって、君主が国民の財産と彼らの女性を奪わなければ、権力を維持することができる。その中でも特に、他人の財産を奪うことを慎まなければならない。なぜなら、人間は父親の死は簡単に忘れても、財産を奪われることは絶対に忘れられないからだ[22]。

ロックもまた、『統治二論』で同様の見解を示している。ロックは、人々が平等で自由な自然状態を捨て、支配者に服従する奴隷状態になって国家を成立させた主な理由は、財産権の保護のためだと主張した。フランス革命が勃発した理由も、マキャヴェッリの主張のように、ルイ 16 世が三部会議を開き、国民から税金を徴収しようとしたためだ[23]。

3) 悪徳が徳だ

マキャヴェッリは人間の本性に対する性悪説に基づき、君主が国家を維持するためには悪い方法で国家を統治しなければならないと強く忠告する。古代政治思想は政治を道徳と倫理に、中世政治思想は政治を宗教の延長と認識した。しかし、マキャヴェッリは政治の本体は悪徳だと主張することで、近代政治思想

---

21) Machiavelli, 1980, p. 61.

22) Machiavelli, 1980, p. 97.

23) Locke, 1980, p. 52.

を誕生させた。

マキャヴェッリが悪魔の誘惑を受けて『君主論』を著したという汚名は、悪徳を強調する15章「人間、特に君主が称讃され、非難される原因となる事柄について」から始まる。マキャヴェッリの政治思想の核心は、この15章の部分だと捉えることができる。マキャヴェッリは、君主が権力を維持するためには「善良でない方法 how not to be virtuous」を学ばなければならず、必要に応じて悪徳を行使する術を学ばねばならないとストレートに強調する[24]。これと似た見解は、18章「君主は信義をどのように守るべきか」にもよく表れている。マキャヴェッリは第18章で、君主は可能であれば美徳から抜け出してはならないと書いている。しかし、運命と状況が変われば、それが命ずるとおりに、君主は融通性を発揮して悪を行わなくてはいけないと教える[25]。

マキャヴェッリは、悪徳を勧める自身の忠告が議論を呼ぶだろうという点を十分に認識していたようだ。マキャヴェッリは、君主の統治術の問題について、既に多くの人々が著述していることを知っていると記述している。そのため、自身のこの問題に関する著作が生意気に見えないことを願うと述べている。しかし、マキャヴェッリは自身が言おうとする内容が完全に創意的な原則だと主張する。以前の政治思想家たちは現実を論じず、プラトンの理想国家論のように、存在しない想像の中の政治について論じたと述べた。

以前の政治思想家とは異なり、マキャヴェッリの意図は、実際の政治に使用できる原則と、実際に存在する真実について言及

24) "if a prince wants to maintain his rule he must learn how not to be virtuous, and to make use of this or not according to need." Machiavelli, 1980, p. 91.

25) Machiavelli, 1980, p. 101.

することにあると主張する。人間がどのように生きるべきかと、実際の現実でどのように生きているかに大きな隔たりがある。したがって、実際に行われる政治を無視し、理想的に何が行われるべきかに関心を持つ君主は、権力を保存するより権力を失う近道になる。世の中は善良でない多くの人々に囲まれているため、善良に行動する君主の没落は避けられないからだ[26]。

君主は国家を保護するため、悪に踏み込む術を学ばなくてはならず、悪徳によって汚名を受けることも気にしてはならない。悪徳と思われることをすることが、結果的に君主の安全を確保し、繁栄をもたらす。マキャヴェッリは、君主が美徳を行うと破滅するとまで強調している[27]。

マキャヴェッリは 18 章で「特に新しい君主は権力が安定していないので、国家を維持するため、必要ならば悪行を働かなければならない」と強調する。信義や友情、人間性や信仰心に背かねばならない場合でも、君主はこれを遂行しなければならない[28]。

多くの人々が推測したように、マキャヴェッリは実際に悪魔の子であるため悪徳を主張したのだろうか。マキャヴェッリの悪徳理論は、マキャヴェッリと同時代のチェーザレ・ボルジアの行動を見て形成された理論だ。チェーザレ・ボルジアは分裂したイタリアを統一するという夢を持っていた。彼は教皇アレクサンデル 6 世の庶子として生まれた。教皇である父親の助けを借りてイタリアの中東部地方であるロマーニャ地域を征服し、イタリアの強力な指導者として浮上していた。チェーザレ・ボルジアの権

26) Machiavelli, 1980, pp. 90-91.
27) Machiavelli, 1980, p. 92, 100.
28) Machiavelli, 1980, p. 101.

力が強くなると、フィレンツェの都市はチェーザレの能力を試すため、マキャヴェッリを特使として派遣した。マキャヴェッリは1502年10月から1503年1月までチェーザレ・ボルジアの宮廷に滞在し、彼の政治的行為を観察した[29]。

マキャヴェッリが勧める悪徳は主にチェーザレ・ボルジアをモデルにして出た理論だ。チェーザレ・ボルジアは政敵を除去するため、トリックを使って政敵を呼び集めた後、1502年12月31日夜に彼らを殺害した。これがシニガリアの虐殺と呼ばれる有名な事件だ[30]。一般的な道徳基準から見て、チェーザレ・ボルジアの虐殺は当然非難されるべきだが、マキャヴェッリは国家を維持するためなら、君主は嘘、殺人のような悪徳も許されると考えた。

チェーザレ・ボルジアはこの事件を通じ、ロマーニャ地域を確実に征服した。チェーザレは、残忍だが有能な将軍レミッロ・デ・オルコ Remirro de Orco をロマーニャ地方に派遣し、彼に全権を任せてロマーニャ地方を平定した。その後、チェーザレは残忍だという評判を避けるため、レミッロに罪をかぶせてレミッロの死体を真っ二つに斬り、その横に刑を執行した木片と血のついた刀を置いてチェゼーナ広場に晒した[31]。

1503年、チェーザレの父親であるアレクサンデル6世が突然死去し、チェーザレの権力は急激に没落し始めた。新しく選出された教皇ユリウス2世はボルジア家と過去から敵対的な関係にあったからだ。結局、チェーザレ・ボルジアはイタリア統一の夢

---

29) John M. Najemy, "Machiavelli and Cesare Borgia: A Reconsideration of Chapter 7 of The Prince," *Review of Politics*, 75:4, October 2013, p. 540; John C. Hulsman, *To Dare More Boldly: The Audacious Story of Political Risk*, Princeton: Princeton University Press, 2018, ch. 4.

30) Machiavelli, 1980, p. 57.

31) Machiavelli, 1980, pp. 57-58.

を叶えることができないまま、31 歳の 1507 年に殺害された。

マキャヴェッリはチェーザレ・ボルジアの失敗を、チェーザレが統制できない全面的に例外的で悪意的な運命のせいにした。しかし、チェーザレの果敢で決断力のある迅速な政敵除去に感銘を受け、国家を維持するためには悪徳を行使できなければならないと説破した。悪徳を強調したことでマキャヴェッリは「悪の先生」という汚名を着せられたが、マキャヴェッリが教えた悪徳の術策はその後多くの政治家の金科玉条になっている。

マキャヴェッリは善を教える他の思想家とは異なり、破格的に悪徳を行うよう教えた。悪徳の中身とは何だろうか。第一に、マキャヴェッリは君主に約束を守らないよう説教する。約束を守るなというこの教えこそ、知恵が多く狡猾なマキャヴェッリの悪徳思想を代表的に表している。マキャヴェッリは 18 章「君主は信義をどのように守るべきか」で、偉業を成し遂げた君主たちは、信義などほとんど考えにも入れず、狡猾に人々を欺く術をする者たちだと述べている。結局は、約束を守らない君主が誠意を旨とした者たちに立ち勝る[32]。

人間は邪悪で信義など守るはずがないため、他人との約束に拘束されてはならない。ましてや君主は不履行を潤色するための合法的な理由をたくさん持っている。当時も多くの条約と約束が信義なき君主によって破棄され無効化されたように、君主は約束を破棄し、偉大な欺瞞者と偽善者にならなければならない。したがって、マキャヴェッリは、聡明な君主は「約束を守ることが彼にとって不利な時、そして約束を結んだ理由がこれ以上存在しない時、約束を守ることもできないし、また守るべきでもない」と

32) Machiavelli, 1980, p. 99.

強調する[33]。もし、全ての人間が善であるなら、この教訓は適切ではない。しかし、人間は邪悪で、信義など守ろうとしないため、君主も彼らと結んだ約束に拘束されてはならない[34]。

マキャヴェッリは信義を守るなという教訓を教えながら、この方法が人間の道理ではないことを認知していたようだ。なぜなら、このような方法は人間の方法ではなく、野獣の方法だと説明しているからだ。戦い方には二つの方法がある。一つは法に訴える方法で、もう一つは力を使う方法だ。このうち、法に訴える道は人間にふさわしい方法であり、力に訴える道は野獣にふさわしい方法だ。ロックもマキャヴェッリと同様、理性は人間の方法であり、武力は動物の方法だと主張する[35]。しかし、法に訴える方法だけでは十分ではないため、君主は人間の方法と野獣の方法の二つを巧みに使い分けなければならない。古代の著作を見ると、アキレウスや他の多くの君主が半人半獣によって養育されていることがわかる。これは君主がこの二つの方法を知らなければならないことを意味する。もし、君主がこれらのうちの一つを欠いていたら生き残れない。

マキャヴェッリは君主が学ぶべき獣の特性のうち、特に狐と獅子の特性を学ばなければならないと述べている。なぜなら、獅子は罠を避けられず、狐は狼を倒すことができないからだ。君主は罠を避けるために狐にならなければならず、狼を倒すためには獅子にならなければならない。単に獅子のように振る舞う君主は愚かだ。聡明な君主は狐の気質を学び、約束を守ってはならない。歴史を見ると、狐を最もよく模倣する君主が最大の成功を収めて

33) Machiavelli, 1980, pp. 99-100.

34) Machiavelli, 1980, p. 100.

35) Locke, 1980, p. 94.

いる[36]。

マキャヴェッリは獅子の特性に似た君主の行動については特に説明しなかった。おそらく、ほとんどの君主は市民軍であれ傭兵であれ武力を行使できる手段を持っているため、マキャヴェッリは獅子より知恵を使う狐の特性をより重要視したものと解釈される[37]。

マキャヴェッリの獅子型、狐型理論は19世紀のエリート理論に多大な影響を及ぼした。イタリアの政治社会学者パレートは、マキャヴェッリの分類法をそのまま使い、エリートをライオン型エリートとキツネ型エリートに分類した。エリートの周流は、この二つのタイプのエリートが交互に支配することによって行われる。

マキャヴェッリは約束を守らず、意図したとおりに効果を上げた人として、チェーザレ・ボルジアの父親である教皇アレクサンデル6世を挙げた。彼はただ他人を欺く方法だけを考え、いつも彼にだまされる犠牲者がいた。教皇アレクサンデル6世のように、真実だと誓い、確固たる約束をしながら詐欺を働く人は、他に見当たらないと述べている[38]。

君主が約束を守らなくても成功する理由は、君主の品性より、人々にどのように見えるかがより重要だからだ[39]。人々は手で触って判断するより、目で見て判断するものだ。君主を見ることはできるが、直接触れることができる人はほとんどいない。

36) Machiavelli, 1980, pp. 99-100.

37) 獅子の特性を重視する意見は、次の論文を参照のこと。Timothy J. Lukes, "Lionizing Machiavelli," *American Political Science Review*, 95:3, September 2001, 95:3.

38) Machiavelli, 1980, p. 100.

39) Machiavelli, 1980, p. 100.

人々は外に露出した外見だけを見ることができる。本当にどんな人なのか経験で直接わかる人は少数に過ぎないため、君主は慈悲深く信義があり、正直で人間的で敬虔に見えれば十分だ。君主の真実を知る少数は、表向きの君主の威厳を見て、支持する多数に敢えて反論することはできない。ごまかしを使って約束を守らなくても、君主がひたすら戦争に勝って国家を保全すれば、どんな手段を使ったかは特に問題にならない。人々は国家を保全する結果にだけ気を使うからだ[40]。信義を守ろうとして国を失えば、それほど愚かな君主はいない。ここで、手段を選ばずに目標を達成する傾向を非難する意味で、マキャヴェリズムが誕生した。

マキャヴェッリの主張どおり、実際に歴史で約束を守らずに嘘をついて勝利をもたらした人は数え切れないほど多い。現代の代表的な例を一つ挙げてみよう。ヒトラーは1938年に武力でオーストリアを占領した。イギリスのチェンバレン首相はその年の9月にヒトラーと会談するため、ドイツのミュンヘンを訪問した。チャンバレンは戦争を避けるため、ヒトラーの要求どおり、チェコスロバキアの一部をドイツの領土として認めるミュンヘン協定を締結した。ヒトラーはこれが最後の領土的要求だと言い、チェンバレンはヒトラーを思ったより理性的な人だと評価した。

純真なイギリス首相チェンバレンは、ロンドンのヒースロー空港に降り立ち、ミュンヘン合意文書を見せながら、ドイツの領土侵攻を心配する必要はないと自信を持って話した。チェンバレンは自身が我らの時代の平和をもたらしたと誇らしげに言った。しかし、ヒトラーはマキャヴェッリの忠実な弟子として、他国を

---

40) Machiavelli, 1980, p. 101.

侵さないというチェンバレンとの約束を破り、ミュンヘン合意の翌年 1939 年 9 月にポーランドに侵攻した。ここで第二次世界大戦が勃発し、チェンバレンは長い間世間の笑い者となった。もちろんヒトラーは第二次世界大戦で敗れ、本人も自殺で生涯を閉じ、ドイツも敗戦国となったが、約束を守らないことで短期的な利益は得ることができた。

悪徳の二つ目は、『君主論』の 16 章「気前良さとけちについて」に出てくる内容で、君主は気前の良さよりもけちでなければならないという点だ[41]。気前が良いという君主の評判を聞くと、立派な人柄を持っているように聞こえるだろう。しかし、君主が実際に気前が良いと、君主は破滅に至る。君主が気前の良さを公正に使えば、誰にも注目されず、けちだという評判を避けることはできない。君主は気前が良いという評価を受けるためには、所有する財産を誇示し、惜しみなく使わなければならない。そのように行動すれば、君主は全ての財源を浪費することになるだろう。

にもかかわらず、君主が気前がいいという評判を維持しようとするなら、財源が継続的に必要だ。君主は国民に強制的に税金を徴収することで過度な負担をかけ、お金を集めるためにあらゆる手段を取ることになる。もし君主が貧乏になれば、君主はむしろ軽蔑されたり憎まれたりして権力を失うことになる[42]。

結果的に、君主の気前の良さで多数に被害を与えることになり、些細な問題に直面しても権力は危うくなる。後に実質的な危険に直面すれば、君主は悲嘆に暮れるだろう。君主がその過ちに気づき、道を変えようとすると、次はけちだという非難を受ける

41) Machiavelli, 1980, pp. 92-95.

42) Machiavelli, 1980, p. 92.

ことになるのだ。国民は時間が経てば、けちな君主こそ本質的に気前の良い君主だったという事実に気づくはずだ。なぜなら、君主がけちなため、国民に税金を課さなくても戦争を遂行する財源を十分に残すことができ、侵略者に対抗して国家を防御できるからだ[43]。

マキャヴェッリは、今の世で偉業を成し遂げた者は皆けちで、気前の良い君主たちは破滅したと評価する。したがって、賢い君主ならけちという非難を恐れるべきではない[44]。マキャヴェッリは、非常に露骨なけちこそ、君主が権力を維持させる悪徳であり、君主はけちという悪徳を行わなければならないと強調する[45]。

マキャヴェッリは古代ローマの指導者であるカエサルの例を挙げ、気前の良さで権力を勝ち取った場合もあるという事実を認める。しかし、マキャヴェッリはこれを論駁するため、君主は運命と状況によって変わらなければならないため、気前が良いかけちかは指導者になる前と指導者になった後を区分して行動しなければならないと忠告する。指導者になろうとする者は支持勢力が必要なため、気前が良くなければならない。しかし、すでに指導者になった者は、倹約してこそ権力を維持することができる。カエサルが気前良かった時期は指導者になる前だった。

マキャヴェッリの上記のような主張は東洋でも見られる。始皇帝の秦が滅亡した後、項羽と劉邦が天下をめぐって争うようになった。最初は力の強い項羽が優勢だった。しかし、時間が経つにつれ、劉邦の勢力が強くなり、結局劉邦が勝利して漢国

43) Machiavelli, 1980, p. 93.
44) Machiavelli, 1980, p. 93.
45) Machiavelli, 1980, pp. 93-94.

を建てることになった。項羽がほとんど手にしていた天下を劉邦に譲ったのには様々な理由がある。項羽と劉邦が会った「鴻門の会」で、項羽の参謀である范増が劉邦を殺せと言ったにもかかわらず、項羽が言うことを聞かなかったため、機会を逃したのも理由の一つだ。

しかし、天下を支配する指導者になる前の項羽と劉邦の態度を比較すると、なぜ項羽が敗北したのか、その理由が推測できる。劉邦は戦闘で勝利すると戦利品を部下に気前よく分け与えたのに対し、項羽は戦利品を部下に分けずに独り占めした。そのため、気前の良い劉邦に人材が集まり、結局劉邦が横綱である項羽を抑えて覇権を握ることができた。指導者になるためには、指導者になる前に気前の良さが必要だという原則に項羽は気づかなかったため、全てを握った天下を逃してしまった。項羽は死ぬ前、四面楚歌の状況で「力抜山兮気蓋世力は山を引き抜き、気力は天下を覆いつくす」を詠み、自分が気前良くないことを嘆いたのかもしれない。

悪徳の三つ目は、『君主論』の 17 章「残酷さと慈悲深さとについて、敬愛されるのと恐れられるのとではどちらがよいか」に出てくる内容で、君主は残忍でなければならないという内容だ。人は残忍な心と慈悲の心を持っているが、マキャヴェッリは悪徳を好んだため、君主は慈しみせず残忍でなければならないと教える。

残忍さが君主に必要な悪徳だと主張するこの部分で、マキャヴェッリはやはり、彼が好きなチェーザレ・ボルジアの例を挙げる。マキャヴェッリは、チェーザレ・ボルジアが残忍だという評判を得たが、彼の残忍な政策がロマーニャ地方を改革して統合をもたらし、秩序と忠誠心を回復させたと褒め称える[46]。残忍だと

46) Machiavelli, 1980, p. 95.

いう評判を避けようと、ピストイア[フィレンツェ北側の衛星都市]が分裂するのを放置したフィレンツェの人々と比べると、残忍で国家に秩序をもたらしたチェーザレ・ボルジアの方が国民にとってはるかに慈しみ深い君主だと説く。

君主が国民を団結させて国家に忠誠を尽くせば、君主は残忍だと非難されることを心配する必要はない。君主が残忍でなく慈悲深いと、むしろ無秩序を放置し、多くの人が死んだり略奪されたりする。したがって、少数を示範的に処罰して綱紀を正す君主が、実際にははるかに慈悲深いと言える。特に新生国家は危険に満ちているため、新しい君主は残忍でなければならない[47]。

マキャヴェッリはハンニバルの例を挙げて残忍さを正当化する。古代カルタゴのハンニバルが大国ローマを破って戦闘で勝つことができたのは残忍だったからだ。ハンニバルは外国に進撃する際、多様な人種で構成された大軍を率いた。しかし、状況が有利であれ不利であれ、軍隊内部で指導者であるハンニバルに対し、いかなる分裂や不服従も起きなかった。その理由はハンニバルの他の力量[virtue]もあるだろうが、ハンニバルが残忍なため、彼の部下たちがハンニバルを恐れ、尊敬したためだ。歴史家たちはハンニバルの残忍性を評価せず、むしろ非難する。しかし、ハンニバルが残忍でなければ、彼の他の力量だけでは戦闘を勝利に導くのに十分ではなかっただろう[48]。

ローマのスキピオがハンニバルを戦闘で破ったにもかかわらず元老院で弾劾された理由は、スキピオが残忍ではなく慈悲深かったからだ。スキピオの軍隊はスペインで反乱を起こしたが、唯一の理由はスキピオが過度に慈しみ深く、兵士たちが軍隊の規

---

47) Machiavelli, 1980, p. 95.

48) Machiavelli, 1980, pp. 97-98.

律を守らずに放縦だったためだった。スキピオは彼の優しさのせいで、上院でローマ軍を腐敗させた張本人だと非難された[49]。

マキャヴェッリは君主が慈悲深さより残忍な特性を備えることを勧めた後、続けて君主は慕われるより恐れの対象にならなければならないと力説する[50]。君主が残忍なら、国民は君主に恐怖を感じ、君主を傷つけることはできない[51]。人々は恐れの対象である君主よりも、慕わしい君主を傷つけることに対してそれほど心配しない。慈しみ深く国民に慕われる君主は、危険に直面した時、危険に対抗する他の対策、すなわち残忍さがない。チェーザレ・ボルジアのように君主が残忍で国家の葛藤をなくせば、むしろ国民にとって慈悲深い君主になる[52]。マキャヴェッリは君主が慕われることと恐れの対象になることのどちらかを選択しなければならないなら、残忍で恐れの対象になるのがより良いと考える。

君主が恐怖の対象にならなければならないというマキャヴェッリの主張も、人間の本性に対する性悪説に基づいている。人間は恩知らずで気まぐれで、嘘が上手で欺瞞に長けている。危険があれば逃げ出し、儲けだけを追って貪欲だ。君主が優しく危険な時でない時には人々は君主のために血を流し、彼らの財産と命、子供たちまで全てを捧げると言う。しかし、君主が困難な立場に置かれると、国民はすぐに背を向ける。邪悪な人間が掲げる口先だけの約束を信じて何の備えもしなければ、君主は破滅して

49) Machiavelli, 1980, p. 98.
50) Machiavelli, 1980, p. 97.
51) Machiavelli, 1980, p. 96.
52) Machiavelli, 1980, p. 95.

しまうだろう[53]。

前述したように、マキャヴェッリは君主が国家を滅亡させず、権力を維持するために悪徳を行うことを強く勧めた。もし、マキャヴェッリの悪徳を受け入れ、人々が皆悪徳を行えば、他人を信頼できず、約束も守らず、互いに害を及ぼす弱肉強食の社会、言い換えれば、ホッブズが言う万人の万人に対する闘争状態になるかもしれない[54]。

一つの救いは、マキャヴェッリが悪徳を普通の人には勧めず、君主にだけ勧めたという点だ。前述した通り、マキャヴェッリが住んでいた当時のイタリアは、フランス、スペインなどの周辺大国の侵入を頻繁に受けていた。イタリア内部でも自治都市間で戦争が頻繁に起こり、ある都市が他の都市に征服されることが頻繁に起きていた。マキャヴェッリは外勢の侵入からイタリアを守り、分裂したイタリアを統一させるため、君主に無慈悲で非道徳的で残忍な悪徳を勧告したのだ。

02 近代政治思想の嚆矢マキャヴェッリ

人間の本性に対するマキャヴェッリの性悪説、善ではなく悪徳をせよというマキャヴェッリの破格的な教え、理想政治ではなく現実政治に対する分析、この全てを総合してみると、マキャヴェッリの政治思想は小さくはイタリアの統一のための思想であり、大きくは近代政治思想の出発と言える。なぜ、マキャヴェッリの思想を近代政治思想の嚆矢

53) Machiavelli, 1980, p. 96.

54) Hobbes, 1962, p. 113.

と言うのか。

近代の特徴は何だろうか。第一に、中世のキリスト教の理想論とは全く異なる世俗的思想が現れたという点だ。マキャヴェッリは政治と宗教を分離させ、世俗的な政治思想を初めて出現させた。古代の政治思想は哲学を、中世の政治思想は宗教を基盤にしたという点で違いはあるが、理想社会を追求したという点では共通点がある。前述したように、プラトンは強大だった祖国アテネがペロポネソス戦争で敗れたことに衝撃を受け、どうすれば理想国家を実現できるか研究した。プラトンの哲人王理論は、現実国家で実現可能な支配体制ではなく、理想国家で可能な支配体制だ。

プラトンの理想国家論に影響を受けた大半の政治思想家は、どうすれば矛盾に満ちた現実政治を克服して未来に住みやすい国家を築くことができるかという理想国家論の探求に中心を置いている。中世はキリスト教が支配した時代で、キリスト教を代表する思想家であるアウグスティヌスも、歴史の最後の段階で神の意思が実現した以上、国家建設を目標にしている。理想社会を夢見ていた古代・中世の学者たちとは異なり、マキャヴェッリは現実の中で立派な国家を築くことを目標にした。このような意味で、マキャヴェッリの思想は古代プラトンの理想国家論や中世キリスト教の理想国家論との断絶を意味する。

時代を先取りする先駆者が皆そうであるように、マキャヴェッリは古代から中世に受け継がれてきた政治思想の伝統を突然変えることに少しは恐怖を抱いていたようだ。しかし、同時にマキャヴェッリは自らの新しい試みに誇りを持っていた。「私は独創的な原則を引き出している。私の意図は、統治の術を探求する者に実際に有用だと証明できる理論を記述しようとすることだ。この問題を理解できる者は誰にとっても有用なものを書こうとするので、物事[統治法]を想像して書くより、実際的かつ偽ることなく記述しようと思う[55]」。このような自信はルソーにも表れている。ルソーは『社会契約論』で「人間は平等に生まれた。しかし、人間は鎖に縛られている。なぜ、このような変化が起きたのだろうか。何がこのような変化を正当化できるのか。私はこの問題について答えることができる[56]」と述べている。

マキャヴェッリは理想国家論について探求した古代・中世の思想家たちを批判し、現実国家に対する自分のアプローチが君主に実際に有用だと述べて、自らの業績を前面に出している。現実的に良い国家を成し遂げる方法についてのマキャヴェッリの理論と提案は、現在直ちに使用できる方法であり、現実で強大な国家を維持することを望む当時の支配者とマキャヴェッリ以後に現れた政治家にも多くの影響を与えた。古代・中世とは異なる新しい思想、すなわち世俗的近代思想の出発を知らせる先駆者が出現したのだ。

マキャヴェッリが古代・中世の政治思想家たちと違って理想国家に関心を持たず、現実政治に関心を持つようになったきっかけは、当時の祖国であったイタリアの状況と無関係ではない。当時イタリアは分裂しており、外国の勢力がナポリ、ミラノなどのイタリア地域の君主として君臨していた。いつ外国勢力が侵略に転じるかわからない現実では、生き残ることが重要であり、のんびりと理想国家について論じている余裕はなかっただろう。

マキャヴェッリは特に中世キリスト教教会を代表する教皇と

---

55) Machiavelli, 1980, p. 90.

56) Jean Jacque Rousseau, *On the Social Contract*, edited by R. D. Masters, New York: St. Martin's Press, 1978, p. 46.

教皇領国家をイタリア統一の最も障害となる勢力と見なしていた。当時、教皇は宗教的支配力とともに世俗的支配力も所有していた。世俗政治に積極的に干渉し、直接軍隊を指揮したりもした。教皇は同じイタリアに属する国家や自治都市を攻撃し、占領するために、フランスやスペインのような外国勢力を引き込んだりもした。教皇は聖職者であるため、世俗的な生活が禁止されているにもかかわらず、結婚もして、政府もあり、子供も産んで、聖職に対する売官も行った。チェーザレ・ボルジアの父、教皇アレクサンデル6世が代表的な例だ。

マキャヴェッリは、イタリアを統一するためには宗教的職位である教皇を世俗政治と分離し、教皇の勢力を弱化させなければならないと考えた。教皇の世俗政治への干渉はイタリアを分裂させ、イタリアの多くの地域が教皇派と皇帝派に分かれたため、絶えず紛争が起こっていた。そのため、教皇を除去し、イタリアを世俗支配者によって統一させようとした。

マキャヴェッリは当初、チェーザレ・ボルジアがイタリアを統一する人物であるとみなしていた。しかし、マキャヴェッリが生存していた時、チェーザレは31歳の若さで殺害された。その次に、マキャヴェッリはイタリアを統一する人物としてメディチ家に希望をかけ、『君主論』をフィレンツェ君主であるロレンツォ・デ・メディチに献呈した。

面白い点は、マキャヴェッリがキリスト教の影響から抜け出し、神が統治する神国ではなく君主が支配する現実国家について叙述したが、マキャヴェッリの『君主論』にはキリスト教的な色彩が多く現れているという点だ。イタリアを統一する人物を待つことは、キリスト教でメシアを待つのと同じようにキリスト教的要素だ[57]。イタリアを統一する人物、または現実の君主に理想的なモデルとして提示する人物に聖書のモーゼを例に挙げている[58]。また、傭兵に反対し、他人の力ではなく自分の力で戦った事例としてダビデを挙げている[59]。

マキャヴェッリは歴史について深層的で広範囲な知識を持っており、『君主論』には古代・中世だけでなく過去の東・西洋の歴史と人物の例が多く出ている。しかし、プラトンのように未来の君主の姿や理想国家については言及していない。それだけマキャヴェッリは徹底的に世俗的な理論家だったのだ。しかし、逆説的にも、キリスト教を否定したマキャヴェッリは死後、教会墓地に埋葬された。

第二に、マキャヴェッリを近代政治思想の嚆矢とする理由は、近代民族国家の出現に彼が大きく貢献したからだ。中世は宗教的にはキリスト教、哲学的にはストア主義を中心に、ヨーロッパの様々な民族が一つの世界、すなわちコスモポリスの下に統合されていた時期だった。同時に、封建領主によって分割統治されていた地方分権の時代でもあった。言い換えれば、世界的なコスモポリスと地方都市という矛盾する二つの側面が共存していた時期だった。マキャヴェッリは分裂しているイタリア民族を統一するため、単一の君主が必要だと高らかに主張した。マキャヴェッリによって、地方分権で分割された領土を統合支配する単一君主の近代民族国家が本格的に出現するようになった。

マキャヴェッリは公職に就いていた時、外交業務を担当していた長官としてフランスとスペインを数回訪問した。当時イタリ

57) Germino, 1972, p. 35.
58) Machiavelli, 1980, p. 134, 50.
59) Machiavelli, 1980, p. 85.

アを侵略したフランスは、すでに君主国として統一されていた。スペインもアラゴンのフェルナンド王子がカスティーリャのイザベル王女と結婚し、スペイン王国に統合されていた。イタリアだけが一つの国家に統一されず、周辺強国の侵略を頻繁に受ける状態にあったため、マキャヴェッリはイタリアでも民族国家が建設されることを待望していた。

ヨーロッパで民族国家の出現が完成したきっかけは、制度的には宗教戦争後に締結されたヴェストファーレン条約[1648]によってだ。思想的には中世キリスト教に基づいたコスモポリスが解体され、民族を単位とする国民国家を唱えたマキャヴェッリによってである。

近代国家が出現するためには、統合された領土と単一君主の他に、国家を支える自国の軍隊を必要とするが、この部分でもマキャヴェッリの貢献が大きい。イタリアは五つの国家といくつかの自治都市に分かれていたが、これら全ては自国の国民で構成された軍隊を備えていなかった。そのため、スペインやフランスに侵略されたり、または共和国間や自治都市間で戦争が起こった場合には、これらの国や都市は傭兵を雇っていた。傭兵は他の都市の人かもしれないし、その都市の人かもしれないが、お金を払って雇用するため、国家に対する愛国心が足りなかった。傭兵指導者の私益により、勝利を目前にして諦めることもあった。

例えば、1499 年ピサの征服を目前にして、他国の人である傭兵隊長ヴィテッリが退却を命令した事例だ。1495 年にピサが反乱を起こす前はフィレンツェがピサを所有していた。フィレンツェはピサを征服し続けようとした。ピサはフィレンツェが貿易のために海に出る有用な出口を提供してくれるからだった。フィレンツェは有名な傭兵隊長ヴィテッリを多額のお金で雇った。ついに1499年、ピサはヴィテッリの軍隊によって包囲され、陥落直前にあったが、ヴィテッリが突然退却を命令した。フィレンツェ市民は怒り、傭兵隊長ヴィテッリを捕まえて処刑した[60]。

マキャヴェッリはこの事件を見て、戦争が起こったら、愛国心に溢れ、祖国のために命をかけて戦う自国民で構成された軍隊が必要だと痛感するようになった。マキャヴェッリはフィレンツェが自国の臣民で構成された強力な軍隊を持つべきだと確信した。フィレンツェ共和国の指導者であるソデリーニは、1505年にマキャヴェッリに市民軍を結成することを許可した。マキャヴェッリはフィレンツェ全土で兵士を補充するため、絶えず働いた。ついに1507年初め、市民軍を創設する法令が発令され、マキャヴェッリは司令官に任命された。しかし、マキャヴェッリの市民軍はその後ピサとの戦闘で目立った役割を果たせず、1512年にメディチ家を復権させたスペインとの戦闘で凄惨に敗れてしまった[61]。

にもかかわらず、マキャヴェッリは国民軍に対する確信を捨てなかった。マキャヴェッリはきらびやかだった古代ローマ帝国が滅亡した最初のきっかけが、異民族であるゴット族を傭兵として雇ったためだと主張した[62]。マキャヴェッリは、賢明な君主は国家を維持するため、自国の軍隊を組織しなければならないと述べた。チェーザレ・ボルジアも、傭兵を使った時より自国の軍隊に絶対的に依存した時、偉大になって実質的に尊敬を受けた[63]。

国民軍とは何を意味するのだろうか。マキャヴェッリは、国

60) Machiavelli, 1980, p. 63, 80.

61) Machiavelli, 1980, p. 15.

62) Machiavelli, 1980, p. 86.

63) Machiavelli, 1980, pp. 84-85.

民軍は君主の臣民や市民、または部下で構成された軍隊を意味すると述べた。それ以外の全ての軍隊は傭兵や外国の援軍だ。どの君主国も自国の軍隊を持たないと安全ではない。国民で構成された軍隊がなければ、外敵が侵略してきた時、国家を防御する力量や忠誠心の代わりに運命に依存するためだ[64]。マキャヴェッリは、君主が国民軍を形成すれば、人間の意志で運命を克服できると教える。したがって、君主が国民軍を組織し、平常時の戦争に備えて軍事訓練を熱心にすれば、いつ攻めてくるかわからない外敵による予測不能な運命に対処することができる[65]。

結論として要約すると、想像の中の理想国家ではなく、実際に存在する現実国家に対する思想、古代哲学や中世の宗教と分離された世俗政治、民族国家と国民軍出現に関する思想を初めて提示したという点で、マキャヴェッリは近代政治思想の嚆矢として認められている。

64) Machiavelli, 1980, pp. 86-87.
65) Machiavelli, 1980, pp. 130-131.

MYTH · BIBLE · LITERATURE

Chapter 05

文学の中の理想と現実

&THE WESTERN POLITICAL THEORY

MYTH · BIBLE · LITERATURE
&THE WESTERN POLITICAL THEORY

Chapter 05

文学の中の理想と現実

01 テネシー・ウィリアムズの欲望という名の電車

1) 挫折した理想主義者テネシー・ウィリアムズ

人々は今の本人の状態に満足して生きているのだろうか。100% 自信を持って、そうだと答える人はあまりいないだろう。古今東西を問わず、人々はより良い自分になるために、また、より暮らしやすい社会を築くために絶えず努力してきた。高麗時代に初めて武臣政権を樹立した崔忠献（チェ・チュンホン）の奴婢の万積（マンジョク）は、王侯将相身分の高い国家の支配層になる氏があるのかと凄絶に尋ね、未来に平等な社会を実現するために反乱を起こした。フランス人たちは「腹が減った。パンをよこせ」と叫びながら

Tennessee Williams

街に押し寄せ、バスティーユ牢獄を破壊し、フランス革命の前触れを知らせた。しかし、このような無数の努力にもかかわらず、人間社会は大きく改善しているように見えない。絶対的貧困は現代になってある程度消えたが、まだ世界各地では貧富格差、所得不平等の増加、失業率増加で騒いでいる。

理想社会の追求は人間の本性をどのように理解するかと密接な関係がある。東洋人たちは人間の本性が善であるか悪であるかによって性善説と性悪説に区分し、人間の本性の理解によって追求する理想社会の姿が多様に現れた。前述したように、西洋の政治思想における人間の本性に対する理解は、大きくアリストテレスの共同体的本性とホッブズの原子的本性に区分される[1]。

現代になって産業化と資本主義社会の弊害が目につくようになり、人間の本性を善と悪や共同体的または原子的に分類する区分を越え、マルクスは人間の存在を労働する存在、フロイトは人間を性的欲望を追求する存在だと捉えた。フロイトの人間の本性に関する探求は、その後多くの人々に多大な影響を与えた。我々がここで探求しようとする『欲望という名の電車』も、フロイト式の人間に対する理解を基盤に創作された戯曲と言える。

『欲望という名の電車 A Streetcar Named Desire』の著者であるテネシー・ウィリアムズ Tennessee Williams, 1911-1983 はピューリッツァー賞を受賞したアメリカの有名な戯曲作家である[2]。この作品はアーサー・ミラーの『セールスマンの死』、ユージン・オニールの『夜への長い旅路』と共にアメリカの代表的な 3 大戯曲に挙げられ

---

1) 本書 pp. 5-6. を参照のこと。

2) Tennessee Williams, *A Streetcar Named Desire*, New York: The New American Library, 1951.

る[3]。ウィリアムズはアメリカ南部ミシシッピ州で生まれた作家で、彼の作品には産業化で消えたアメリカ南部社会に対する郷愁が強く盛り込まれている。ウィリアム・フォークナーの『響きと怒り』、マーガレット・ミッチェルの『風と共に去りぬ』も南部の伝統と価値に対する郷愁を盛り込んでいる。しかし、ウィリアムズの作品には、消え去った南部の価値観に執着し、近代化の変化に適応できず破滅してしまう人間の悲しい自画像がどの作品よりも強力に、且つ圧縮されてよく現れている。

テネシー・ウィリアムズは、彼が描写した戯曲の悲劇的な主人公のように波乱万丈の生涯を送った。彼は酒と麻薬に浸って生きた同性愛者で、自ら告白しているように好色漢だった[4]。ウィリアムズの悲劇的な一生を反映するように、ウィリアムズの一生を扱った演劇の題名は『God Looked Away 神が捨てた男』だ。この劇はアメリカで2017年に上演された[5]。テネシー・ウィリアムズは本当に神に捨てられた男だったのだろうか。彼の一生を探ることにしよう。

ウィリアムズの母方の家系には精神病歴のある人が多かった[6]。その影響でウィリアムズの姉ローズは精神病に苦しんだ。ウィリアムズは2男1女の長男として生まれた。ウィリアムズが回顧するように、弟のデイキンとは競争関係にあったが、姉のローズとは非常に親密で、ウィリアムズは死ぬ時に遺産も姉に残した。姉ローズはウィリアムズの小説に登場人物として形象化さ

---

3) Arthur Miller, *Death of a Salesman*, New York: Viking, 1949; Eugene G. O'Neill, *Long Day's Journey into Night*, Yale University Press: New Haven, 1956.

4) Tennessee Williams, *Memoirs*, Taipei: Imperial Book, 1975, p. 9, pp. 53-54.

5) New York Times, December 18, 2016.

6) Williams, 1975, p. 116.

れて多く現れる。ウィリアムズの自叙伝とも言える『ガラスの動物園 Glass Menagerie』のヒロインであるローラは、まさに姉ローズを反映する人物だ。この戯曲でウィリアムズは無名の作家から一躍スター作家に躍り出た。ウィリアムズ作品のテーマは近親相姦だという批評家もいた。ウィリアムズは自分と姉の関係は決して肉体的な関係ではないと抗議した[7]。

ウィリアムズの父親は靴会社のセールスマンだったが、アルコール依存症でポーカーを楽しんでいた。ウィリアムズの父は靴の販売業績が良かったため、ミズーリ州のセントルイス支店長に昇進し、ウィリアムズの家族はウィリアムズが生まれたミシシッピ州からセントルイスに移住することになる。

セントルイスに移住した後も、ウィリアムズの父は酒とポーカーゲームへの執着を捨てることができなかった。ある日、ウィリアムズの父がセントルイスのジェファーソンホテルでポーカーをし、大金を失うことになった。その時、ある人がウィリアムズの父親にひどい悪口を言った。ウィリアムズの父は金も失い、悪口まで言われて腹が立ち、その人を殴ると、相手はウィリアムズの父の耳をかみちぎってしまった。これにより、ウィリアムズの父は耳の大部分を損傷し、整形手術を受けることになった。セントルイスは小さな町であるため、ウィリアムズの父のスキャンダルはあっという間に町全体に広がった[8]。それにもかかわらず、ウィリアムズの父は週に１度必ずポーカーをした[9]。『欲望という名の電車』にはポーカーのシーンがたくさん出てくるが、これはおそらく父親の行動から取ったのだろう。

7) Williams, 1975, p. 119.
8) Williams, 1975, p. 8, 124.
9) Williams, 1975, p. 202.

ウィリアムズは子供の頃ジフテリアをひどく患った。病気は1年間続き、攻撃的で活発だったウィリアムズの性格は、彼が直接吐露するように恥ずかしがり屋で女性的な性格に変わった。強くて男性的な父親は、このようなウィリアムズに不満を抱き、彼をよく叱った[10]。萎縮しているウィリアムズを温かくかばってくれたのは、聖公会の牧師だった母方の祖父だった[11]。ウィリアムズは母方の祖父を記念するため、遺産のほとんどをテネシー州スワニーに所在する聖公会系列のスワニー：サウス大学 Sewanee:The University of the South に寄付した[12]。

ウィリアムズの文学的才能は子供の頃から現れている。ウィリアムズは5歳の時、古代ギリシャの詩人ホメロスが書いた『イーリアス』を読んだ。ウィリアムズはトロイ戦争に特に興味を持ち、トロイ戦争をもとにしてカードゲームをした[13]。1957年には、古代ギリシャ神話に出てくるエウリュディケとオルフェウスの物語をもとに『地獄のオルフェウス』を執筆した[14]。

ウィリアムズは文章を書く目的について、絶えず変化し消耗していく存在の瞬間を把握するために著述すると述べている[15]。『欲望という名の電車』の元のタイトルは『Blanche's Chair in the Moon』だったという。ウィリアムズは1944年の冬から1945年初めの冬にかけて、シカゴでこの戯曲の最初のシーンを書いた。蒸し暑い南部地方の村で、月明かりが窓に映る中、劇のヒロイン

---

10) Williams, 1975, pp. 11-12.
11) John S. Bak, "Love to you and Mother": An Unpublished Letter of Tennessee Williams to his Father, Cornelius Coffin Williams, 1945, *Mississippi Quarterly*, 69:3, Summer 2016, p. 1.
12) New York Times, March 12, 1983.
13) Williams, 1975, p. 11.
14) Williams, 1975, p. 180.
15) Williams, 1975, p. 84.

であるブランチが椅子に一人で座って素敵な男性を待っているが、その男性は決して来ないという場面だ。ウィリアムズはこのシーンを書いた後、重い鬱病を患い、執筆を続けることができなくなった[16]。

1947年秋、ウィリアムズはルイジアナ州のニューオーリンズに移住し、ここで初めて『欲望という名の電車』を書き直した。その当時のタイトルは『The Poker Night ポーカーゲームをする夜』だった[17]。ウィリアムズは幼い頃から水泳が上手で海が好きだった。ニューオーリンズは海面より低い地帯に位置する都市で、空の色がとても美しく、雲は手で掴めるようだった。ニューオーリンズの気候が気に入ったのか、著述に対する情熱がよみがえり、ウィリアムズは早朝から午後まで書き続けた。ニューオーリンズは『欲望という名の電車』の背景となる。ついに1947年秋、フロリダ州のキーウエスト Key West で『欲望という名の電車』を完成させた[18]。

ウィリアムズは、『欲望という名の電車』の最後の場面でブランチが精神病院の医師に連れて行かれながら最後に言う台詞である「私はいつも見知らぬ人の親切に頼ってきた[19]」を秀逸な台詞に挙げている。この台詞は1947年春、ニューヨーク近くのケープコッド CapeCod で書いた[20]。ウィリアムズは、自分もブランチのように親しい友人より、見知らぬ人の親切に頼ってきたと告白する[21]。

16) Williams, 1975, p. 86.

17) Williams, 1975, p. 109.

18) Williams, 1975, p. 111.

19) "I have always depended upon the kindness of strangers." Williams, 1951, p. 142.

20) Williams, 1975, pp. 130-111.

21) Williams, 1975, p. 131.

ウィリアムズの自叙伝には我々が知っている有名人についての評価がある。実存主義の哲学者であり、サルトルとの契約結婚で有名で、女性学の代表的著書である『第二の性』を書いたシモーヌ・ド・ボーヴォワールについては、氷のように冷たい女性だと描写している。ニューヨーク・フィルハーモニーの指揮者だったレナード・バーンスタインについては、急進主義者と評している[22]。

ウィリアムズとともにアメリカ戯曲界を代表する有名な戯曲作家のソーントン・ワイルダーについても面白いエピソードを紹介している。1947年11月、ニューヘイブンで『欲望という名の電車』の公演が終わった後、ウィリアムズはニューヘイブン近くに住むワイルダーの家に招待された[23]。ワイルダーはウィリアムズに、ヒロインであるブランチの妹ステラのキャラクターの設定が間違っていると批判した。南部の上流地方出身で教皇のように厳粛に暮らしていたステラが、スタンリーのような肉欲的で俗物的な男性と結婚するわけがないとし、この戯曲は誤った前提の上に基づいていると酷評した[24]。

ワイルダーに関するもう一つの逸話がある。ジョン・F・ケネディが大統領で、フランスの有名な小説家でもあるド・ゴールがフランスの大統領であった時、文化長官を務めたアンドレ・マルローがホワイトハウスに招待された。ウィリアムズはこの会議に招待され、ワイルダーも出席した。同会に招待された人々は、

---

22) Williams, 1975, pp. 92-94.

23) ニューヘイブン (New Haven) は、米国東部コネチカット州に所在する都市で、イェール大学がこの都市にある。

24) Williams, 1975, p. 136. ソーントン・ワイルダーについては、本書5章3節『わが町』の部分を参照のこと。

姓のアルファベット順に立つよう要請された。ワイルダー Wilder はウィリアムズ Williams に、アルファベット順ならウィリアムズがワイルダーの次の順番だから自分の後ろに立つように言った。ウィリアムズは、私がワイルダーの後ろに立つのはこれが最初で最後だと言った[25]。ウィリアムズは同じ劇作家としてワイルダーより優れていると思っていたようだ。

ウィリアムズはアメリカの天才詩人ハート・クレイン HartCrane, 1899-1932 を尊敬していた。クレインはウィリアムズと同じように同性愛者で、カリブ海で飛び降り自殺した。ウィリアムズは遺言状に、自分が死んだらクレインの骨の近くにいられるように、体をきれいな白い袋に入れ、ハバナ キューバの首都 から船に乗って北に 12 時間行ったカリブ海に投げるように書いた[26]。ウィリアムズのこの遺言は『欲望という名の電車』の最後の部分に出てくるブランチの遺言と同じだ。ブランチは「私はきれいな白い袋に包まれて海に葬られるのよ。私の初恋の青い瞳のように青い海の中に落ちるわ」と言う[27]。

『欲望という名の電車』の序文にはクレインの詩が引用されている。

> かくしてわれは、崩壊せし世に
> 幻の人を追い求めしも、その声は
> 一瞬、風に引きちぎられて行方も知らず、
> 必死に見定めんとするもついにかいなし。
> ハート・クレイン『崩壊の塔』[28]

---

25) Williams, 1975, p. 136.
26) Williams, 1975, p. 117.
27) Williams, 1951, p. 136.
28) Williams, 1951, ページ番号なし

ウィリアムズの最期も彼の生涯と同様、悲劇的でドラマチックだった。ウィリアムズは1983年ニューヨークのエリーゼ Elysee ホテルの部屋で突然亡くなった[29]。ウィリアムズの遺言とは異なり、家族はカトリック信者の彼をミズーリ州セントルイスにあるカトリック教会ガルボリ墓地に埋葬した。

ウィリアムズは自叙伝でブランチを神経質な人物だと説明し、自分もブランチのように神経質な人物だと記述している[30]。ウィリアムズが亡くなったホテルの名前「エリーゼ」は天国を意味する。ウィリアムズはブランチのように現実と和合できず、天国を探し回って失敗したのだろうか。

ウィリアムズと同じく悲劇的な終末を迎えた人に、モダンダンスの創始者であるイザドラ・ダンカンがいる。ダンカンはタクシーから降りる際、長いスカーフが車輪に絡まり、首を絞められて死んだ。『風と共に去りぬ』の著者マーガレット・ミッチェルは本と映画で旋風的な人気を博したが、たった一冊の小説を書いた後、交通事故で早世した。実存主義文学の代表作である『異邦人』の著者アルベール・カミュも、若干44歳の年齢でフランス実存主義の哲学の代表者であるサルトルより先にノーベル文学賞を受賞 1957年 したが、ノーベル賞受賞3年後に交通事故で即死した。

---

29) ウィリアムズの死亡原因は正確にはわかっていない。ニューヨーク市の検視官は、鼻薬瓶の栓が喉に引っかかって窒息死したと判定した。しかし、心臓病や薬物中毒で死亡したという主張もある。New York Times, 1983. 2. 26; CBS NewYork, February 25, 1983.

30) Williams, 1951, p. 117.

2) 悲惨な現実から天国へ逃避

『欲望という名の電車』を読んだ大多数の人々は、その作品を文学的に分析した。例えば、ピューリッツァー賞を受賞したアメリカの詩人ベネット William Rose Benet は、この戯曲を愛に裏切られる美しい女性の悲劇的な物語と定義している[31]。本書では文学的評価とは別に、この戯曲が持つ意味を理想社会の追求という政治思想的側面と関連付けてみようと思う。

この戯曲に登場する主要人物は、ブランチとブランチの妹ステラ、ステラの夫スタンリー、スタンリーの友人ミッチの 4 人であり、ヒロインのブランチを中心にストーリーが展開される。ブランチ Blanche はフランス語で白いという意味だ。白いと呼ばれる女性は見ただけでもきれいで純粋で、世の中の汚れを全く知らないようなイメージを持っている。

『欲望という名の電車』のヒロインであるブランチは、妹ステラが住む天国という意味のエリジアン・フィールド ElysianFields という都市に行くため、欲望という名前の電車に乗って行く。ブランチが天国と考えているエリジアン・フィールドは古代ギリシャ・ローマ神話に出てくる理想郷で、ここはギリシャ・ローマ神話でも英雄たちが死んだ後に行けるところだ。滅亡したトロイの将軍でもあり、ローマ建国の祖であるアイネイアスのことを歌ったウェルギリウスの叙事詩『アエネーイス』を見ると、エーリュシオンの野 Elysian Fields は死者の中でもアイネイアスの父アンキセスのように少数の祝福を受けた人々だけが行けるところだ[32]。したがって、ブランチが追求した理想社会は現実では叶わ

---

31) Williams, 1951, 最初の部分 “A World Success.” ページ番号なし

32) Vergil, 1951, p. 137, 162, 169. ここでは Elysium で出ている。パリの繁華街シャンゼリジェ Champs Elysees 通りは「天国の野」という意味だ。Champs はフラン

ない夢だ。

欲望という名前の電車に乗ってブランチが降りた町は、皮肉にも天国という名前とは正反対の違う姿を持つ町だ。ここは日々生きていくのが苦しく、無秩序で、欲情と暴力に満ちた人々が暮らすニューオーリンズの汚くてむさ苦しいスラム街だ。

この町を代表する卑劣で本能的な人物にステラの夫スタンリー・コワルスキーがいる。スタンリー・コワルスキーは実際の人物で、テネシー・ウィリアムズがミズーリ大学を中退し、靴工場で働いていた時の同僚であり[33]、ウィリアムズの戯曲『ガラスの動物園』でジム・オコナーのモデルになった人物だ。二人の間に同性愛的恋愛関係があったかどうかは定かではない。スタンリー・コワルスキーはまもなく結婚し、10年後に亡くなった[34]。

スタンリーはコワルスキーという姓からもわかるように、ポーランド系の移民家庭の出身だ。戯曲の最初の場面で、スタンリーが妻ステラに肉屋で買ってきた血のついた肉の塊を投げつけることからもわかるように、スタンリーは肉体を象徴し[35]、動物のように本能だけが残っている男だ。年齢は28歳から30歳の間で[36]、体格はしっかりしており、野性的で教養のない男だ。若い頃、軍隊で上官として勤務した背景を持っており、華やかな羽

ス語で野原を意味し、Elysees は極楽浄土を意味する。フランス大統領が居住するエリゼ宮の名前も古代ギリシャ・ローマ神話に由来している。

33) Vicki Collins, "Table, Bottle, and Bed: The Insatiable Southern Appetite of Tennessee Williams," *Journal of the Georgia Philological Association*, 8, 2018-2019, p. 54.

34) https://deardigitaldramaturg.wordpress.com/2019/02/22/the-men-who-became-the-inspiration-for-stanley-kowalski/ 検索日 2022. 9. 3.

35) Philip C. Kolin and Jurgen Wolter, "Williams' A STREETCAR NAMED DESIRE," *Explicator*, 49:4, Summer 1991, p. 242.

36) Williams, 1951, p. 13.

を持った雄鶏が力を誇るように、原色の服を身にまとっている。青年の頃から人生の中心が女性と快楽を分かち合うことにある。動物的本能だけが残っていて、女性を見ると一目で性的魅力を基準にして等級をつける男だ[37]。スタンリーは妊娠中の妻にも手をあげ、ともすれば物を投げ捨て、言葉は下品で行動も無骨だ[38]。スタンリーの趣味は酒やタバコ、ポーカー、ボウリングなどだ。

ブランチの妹ステラはスタンリーの妻だ。彼女の名前ステラは星という意味だ。ステラは野卑なスタンリーとは全く異なり、南ミシシッピの上流階級で淑女らしい教養を身につけながら成長した人だ。粗野な夫スタンリーを嫌悪しながらも、精力的で推進力があり、肉体的魅力を持つスタンリーから抜け出せない。スタンリーの友人の独身男性は、病気の老母と共に暮らしている人で、壊れそうに弱くて魅力的なブランチを愛し、結婚を夢見る人だ。

5 月初め、闇が宿る宵、職場から追い出され、持っている全財産が 65 セントしかない[39]ブランチが、悲惨な現実から逃避して天国という名前の町に住む妹の家に居候しようと、ミシシッピ州からルイジアナ州ニューオーリンズに住む妹を訪ねて来る。ブランチは天国という名前とは違って貧しく低俗で暴力に染まった町に失望し、これを代表する無知で教養のない妹の夫スタンリーを蔑視するようになる。

スタンリーとステラはニューオーリンズの 2 階建ての安アパートを借りて暮らしている。部屋は二つで、一つの部屋は台所

37) Williams, 1951, p. 29.

38) Williams, 1951, p. 57.

39) Williams, 1951, p. 68.

兼用、もう一つは寝室として使っているが[40]、部屋の間にはドアがなく、トイレに行くためには寝室の部屋を通らなければならない[41]。狭い家にブランチが来たことで、肉欲に陥ったスタンリーとステラの生活は支障をきたすことになる。さらに、過去の高貴な人生に対する郷愁に浸っているブランチと、現在の低級で本能的な人生しか知らないスタンリーが衝突し、二人の間の葛藤と敵対感が高まり始める[42]。スタンリーはブランチが自分をケダモノだと卑下する言葉を盗み聞きし[43]、ブランチの正体を明らかにしようとする。隠されていたブランチの過去がスタンリーによって徐々に明らかになり始める。

ブランチは白い円柱のある南部の邸宅でおおらかに成長した。この邸宅はフランス語で「美しい夢」という意味のベルリーブ Belle Reve[44] と呼ばれていた。ブランチの家の名前も夢を追うブランチを象徴する。ブランチは名前だけが白いのではなく、彼女が住んでいた豪邸も純粋さを意味する白い円柱で構成されている。しかし、ブランチが直面した現実は白い純粋さとは程遠い。ブランチは一人で老いて病気になった家族を扶養して暮らしていたが、農場は他人に奪われ、今は一文無しの状態だ。

ブランチは16歳年下で詩を書く美少年と出会い、燃えるような恋に落ちて結婚した。ところが、ブランチが結婚した夫は実は同性愛者だった。ブランチは偶然、夫が友人だった年配の男性

40) Williams, 1951, p. 17.

41) Williams, 1951, p. 22.

42) Philip C. Kolin, “The First Critical Assessments of A Streetcar Named Desire: The Streetcar Tryouts and the Reviewers,” *Journal of Dramatic Theory and Criticism*, 6:1, Fall 1991, p. 53.

43) Williams, 1951, p. 72.

44) Williams, 1951, p. 17, 112.

と一緒に寝るのを目撃することになる。ブランチと夫はこれを胸に納め、まるで何事もなかったかのように生きていく[45]。

ある日、ブランチは夫と夫の同性愛の友人と一緒に3人で遊びに行く。ブランチは夫と踊っている時、これまで抑えていた感情が抑えきれなくなり、突然「私は見たわ！私は知ってるの！気持ち悪い」と言ってしまう[46]。この言葉を聞いたブランチの夫は衝撃を受け、すぐさま外に飛び出し、口にリボルバー拳銃を入れ、引き金を引いて自殺する。ブランチは夫の頭の後ろが飛んだという話を聞く[47]。

ブランチはこの事件に衝撃を受け、精神的に気弱になり、知らない男たちと交わりながら乱れた生活を送るようになる。夫が自殺した後、見知らぬ人と関係を持つことだけが、ブランチの空虚な心を満たすことができる唯一の方法だったからだ[48]。ブランチにとって見知らぬ人との関係は、過去を忘れて新しい人生を始めようとする必死の試みだ。ブランチは頻繁に入浴するが、これは自分の罪を洗い流すことを意味する。ついに、ブランチは自身が教師をしている高校で17才の幼い男子学生を誘惑し、道徳的に教師不適合だと言われ解雇される[49]。

現実の生活に疲れたブランチは男性との関係からも安らげず、神経は衰弱してアルコール中毒にもなり、天国という名前の町に住む妹を頼って来た。天国という町の名前のとおり、妹が住む町がブランチに理想社会への道を開いてくれたのか、ブランチ

45) Williams, 1951, pp. 95-96.
46) Williams, 1951, p. 96.
47) Williams, 1951, p. 96.
48) Williams, 1951, p. 118.
49) Williams, 1951, p. 118.

はスタンリーの友人ミッチと会うことになる。狂ったスタンリーと違って純真な男だ。ミッチは美しいブランチに惚れて結婚を夢見るようになり、ブランチもミッチとの結婚を通じて未来の新しい理想社会を夢見る。

しかし、凄絶で悲劇的なことに、ブランチの誕生日にスタンリーによってブランチの過去が一つ一つ明らかになり、ブランチが抱いていたミッチとの夢も粉々に砕けることになる。妊娠中のステラは姉の過去を聞いた衝撃で流産しかけ、病院に入院する。その間に、スタンリーは、他でもない妻と暮らす家で、妻の姉であるブランチを暴力で強姦する。スタンリーにとってブランチはもはや道徳的関係を維持しなければならない妻の姉ではない。ブランチはもはや家族の一員ではなく、ただの無力で魅力的な性的本能を満たすのに適した女性であるにすぎない。

精神的に弱いブランチは強姦された後、完全に精神異常になる。ステラは姉のブランチから夫が姉を強姦したという話を聞く。しかし、スタンリーの肉体的魅力の虜になったステラは、夫と一緒に暮らすために姉を精神病院に入れることを決心する。スタンリーはステラを高貴な白い円柱の大邸宅から引きずり下ろしたが、現実的な[50]ステラはそれが好きだったのだ。白い円柱の代わりに色付き電灯をつけていた[51]。

妹ステラによって捨てられたブランチを精神病院に連れて行くため、精神病院から男性医師と看護師が来る。看護師はブランチを強引に引っ張って行こうとする。上品で貴族的な趣向を持ったブランチは、彼らの常識外れな態度に、精神病院に連れて行かれないよう抵抗する。これを見た男性医師は、ブランチが高

50) Kolin, 1991, p. 49.

51) Williams, 1951, p. 112.

潔な女性であるため、上品な方法で精神病院に連れて行かなければならないことに気づく。医者はブランチに近づき、優しく「ミス・デュボア」と呼ぶ。医師の親切な態度にブランチは「私はいつも見ず知らずの方の親切に頼ってきた」と素直に男性医師について行く[52]。

ブランチが訪れた天国という町は、果たしてブランチを天国に導いたのだろうか。見ず知らずの男が連れて行く世界は果たしてブランチにとって天国なのだろうか。

3) 失敗した理想社会の追求

我々に明日があるという事実は本当に幸いなことだ。今日より良い明日があると信じ、現在の政治指導者より良い指導者がいると信じ、現実より良い理想社会があると信じるため、人々は希望を持って生きている。人間として善良であるよう努力させる要素には、道徳、倫理、哲学があるが、明日があるからだとも言える。明日を期待する我々の凄絶さは、現実が奈落に落ち、これ以上の最悪な状態はありえないと考える時にさらに切実になる。

ここに、悲惨な現実を脱して理想社会を追求し、奈落の底に落ちるある女性の話がある。目が大きくて美しいブランチは、結婚の悲劇的な終末によってどんな男とも関係を持つようになり、故郷から追い出される。最後の突破口として、妹が住む天国の町を避難先にして訪ねて来たが、欲望に満ちた世界によってブランチは再起しようとする最後の機会さえ剥奪される。

テネシー・ウィリアムズは『欲望という名の電車』がニューヨークで開幕する[53] 4日前にニューヨークタイムズに寄稿した文

---

52) Williams, 1951, p. 142.

53) Williams, 1951, p. 142. 初公演は1947年10月30日ニューヘイブンで開かれた。

で、この作品の本来のタイトルを『ポーカーゲームをする夜』としたが、『欲望という名の電車』に変更したと明らかにしている[54]。本来のタイトルからもわかるように、この作品の主要な展開は緊張感あふれるポーカーシーンと密接な関連を持っている。ポーカーゲームが繰り広げられる夜は、最後の救いの手を探そうとするブランチの人生に重要なきっかけを提供する。ミッチに出会い、人生の希望が始まる時点がポーカーゲームが繰り広げられる夜であり、救いの手が差し伸べられることなく精神病院に連れて行かれる時点もポーカーゲームが繰り広げられる夜だ。

夜は人間の欲望が最も赤裸々に現れる時間だ。夜は人間の汚い行動と恥部が人に見えない隠密な時間で、人間の原初的欲望であるセックス、賭博、酒への耽溺が主に行われる時間だ。作家は夜に行われるポーカー、セックスなどが人間の原初的欲望だと述べている。欲望を中心に人間の熾烈な人生が展開されて破滅と死が訪れるため、作家はこの全てを包括して作品の題名を「欲望」に変えたと推定される。

変更された題名が示すように、テネシー・ウィリアムズは人間の本性を欲望、特に性的欲望と捉えている。この作品は実際の人生よりも緊張感があり、暴力が横行する無秩序に満ちている。

テネシー・ウィリアムズは、人間が理性を装って欲望を抑え、道徳的に家族と社会を構成して生きているが、妹の夫が妻の姉を暴力的に強姦する場面を通じて、人間を破滅させる動物的欲望を

Kolin, 1991, p. 45; ニューヨーク・ブロードウェイの初公演は 1947 年 12 月 3 日だ。https://www.history.com/this-day-in-history/a-streetcar-named-desire-opens-on-broadway 検索日 2022. 3. 27. 映画としては 1951 年に製作された。Kolin, 1991, p. 51.

54) Williams, 1951, テネシー・ウィリアムズが直接書いた序論部分、ページ番号なし。

告発している。堪えきれず爆発する人間の欲望によって、人間関係の中で最も道徳的でなければならない家族関係が崩壊し、理性が抹殺される。

欲望による破滅は、ブランチが救いを求めて妹が住む天国の町に来るための交通手段が電車という点にも赤裸々に現れている。電車は誰でも乗ることができる。ステラが住んでいる町に連れてくる欲望という名前の電車は、フレンチクォーター地域フランス人の居住地の上り坂と下り坂の狭い道をガタガタと走る古い電車だ[55]。古びた電車はステラとスタンリーが執着する動物的欲望を意味する。同様に、欲望という名前の電車は、夫が自殺した後、心が空虚になったブランチがどんな男とも関係を結ぶ欲望を象徴する。ブランチもやはり男の欲望が発動すれば、いつでも乗れる欲望の電車に転落したということを意味する。ブランチの人生は完全に壊れ、欲望と破滅から抜け出すため、欲望という名前の電車に乗って天国に来た。しかし、ブランチの人生は現実で救われることなく、天国ではない、現実よりも悲惨な精神病院に連れて行かれることになる。ブランチの理想社会を追求する試みは、結局失敗に終わってしまう。

幼い頃から美しい夢という意味のベルリーブ邸宅で成長してきたブランチにとって、没落した現実は向き合えない夢かもしれない。現実から脱し、理想社会を追求しようとする試みも、絶対に叶わない夢かもしれない。ブランチも現実世界で自分を救ってくれる人がいないことに気づいたのか、ミッチと出会った後、神様があまりにも早く現れたと哀痛した[56]。

現実で理想社会を実現できないことを象徴するように、ブラ

---

55) Williams, 1951, p. 70.

56) Williams, 1951, p. 96.

ンチの妹ステラが住む天国の町は、偶然にも欲望という電車に乗り、墓地という電車に乗り換えなければ到達できないところだ。苦痛と欲望に満ちている現実から抜け出し、理想社会に進むためには、死を意味する墓地を通らなければならない。これは生きている間は理想社会に到達することはできず、死んでこそ理想社会に進むことができるという意味を含んでいる[57]。ブランチはこの事実をすでに知っていたのだろうか。ブランチは欲望の反対は死であり、欲望で沸き立つこの世から抜け出す道は死だけだと叫んでいる[58]。

人々は現実よりも暮らしやすい社会を見つけようと絶えず努力してきた。しかし、『欲望という名の電車』の主人公ブランチのように、我々は決して理想社会を見つけることができないのかもしれない。特異な点は、理想社会を追求する小説の主人公は、ほとんどが自殺や死で終焉を迎えるということだ。アーネスト・ヘミングウェイの小説『誰がために鐘は鳴る』の主人公ロバート・ジョーダンは、スペインからフランコ軍部独裁が入るのを防いで共和政を実現するため、アメリカを離れて遠い距離を駆けつけてきた。しかし、橋を爆破する目標が実現するのを目前にして死を迎える。

崔仁勲（チェ・インフン）の『広蔵（クァンジャン)』でも、理想社会を探し、理念に心酔していたイ・ミョンジュンは、理念に従って韓国から越北して北朝鮮に向かったが、韓国戦争の時に

---

57) このような観点から、ある学者はこの作品に欲望と死という二つの電車があると分析する。ただし、ここでブランチの死は肉体的死ではなく精神的死として現れる。Daniel Thomieres, “Tennessee Williams and the Two Streetcars,” *Midwest Quarterly*, 53:4, Summemr 2012, p. 375, 389.

58) Williams, 1951, p. 120.

捕虜となる。巨済島（コジェド）の捕虜収容所で捕虜たちにそれぞれ居住したい国に行ける選択権を与えられた時、イ・ミョンジュンは中立国に行くことを決心する。この選択は結局、理念が理想社会を実現するという虚しい妄想から抜け出し、全ての理念を捨て､理念と関係のない中立国に進むことを意味する。しかし、イ・ミョンジュンは船に乗って中立国に向かう途中、中立国に行くことさえ諦めて海に飛び込み自殺をしているが、これは理想社会を追求した自分の努力が失敗したことを示している。

李文烈（イ・ムニョル）の『英雄時代』[59]は、日本の植民地に転落した祖国の独立を勝ち取るために、理念に依存した日本統治時代の英雄たちを扱っている。主人公のイ・ドンヨンは韓国戦争の際､理念のために老母と妻、子供を捨てて北朝鮮に行ったが､理念は虚構だということに気づき、日本に逃げようとする。ドンヨンは共産主義理念が失敗したことを凄絶に悟ったからだ。

ドンヨンは共産主義理念を実現するために建設された北朝鮮で､疎外から抜け出した労働の喜び､必要の充足からくる満足感､完全な自由と平等の成就がもたらした人間尊厳の回復、自我の主体的実現のような理想社会の姿を見たいと思っていた。しかし、ドンヨンが実際に北朝鮮で目撃した真実は、自由は服従と同義語であり、平等は貧困と浅薄でのみ実現されるという点だった[60]。所有と蓄積の喜びを失った利己心の抜けた顔。理想社会の約束に比べ、あまりにもみすぼらしい形で実践された千年王国に対する隠された嘲笑、背骨が曲がるほど働いた後になってようやく最低の形に戻るだけだという苦しい自覚、貧困で人より苦しむ心配は

59) 이문열,『영웅시대』, 서울 : 민음사, 1984. (李文烈,『英雄時代』, ソウル : 민음사, 1984.)

60) 이문열 (李文烈), 1984, p. 586.

なくなったが、豊かで人より幸せになる見込みもなくなり相対性を失った満足感、これだけだった[61]。ドンヨンは、所有欲は人間の本能であるため、国家が土地の主人で農民が共同所有する協同農場よりは、一枚でも自分の土地を持つのが農民の立場でより良いということに気づく。カール・マルクスが言う理想的な共産社会、つまり必要なだけを得て使う社会は、むしろ熱心に働いた人々を疲れさせるということを一歩遅れて認識する[62]。

ドンヨンは一生を捧げた理念が虚像だということに気づいたが、腐敗した革命と誤りに満ちた理念と戦うため、後代が理念の誤りを繰り返さないため、北朝鮮に残って共産主義理念の虚構を明らかにするために日本に逃げることを諦める。ドンヨンの身体はすでに熱病で衰弱し、死を迎えるが、ドンヨンの精神は数多くの人々を欺き犠牲にしてきた理念と戦う闘志で生きている。ドンヨンを愛したアン・ミョンレは、ドンヨンを日本に脱出させてくれる船を探すが、本人が北朝鮮で生き残るためにドンヨンを裏切り、ドンヨンが乗った船を拿捕する[63]。理念のためなら愛も裏切ることができる。

ドンヨンは抽象的理念の代案としてヒューマニズムと民族主義を掲げる[64]。ドンヨンは、共産主義理念も西洋人によって作られたもので、東洋人をアジア的専制国家と卑下しているが、我々はそれが真理だと熱狂していると非難する。「これは我々のコンプレックスを表している[65]。一つの理念だけが正しいと主張する

61) 이문열 (李文烈), 1984, p. 586.
62) 이문열 (李文烈), 1984, p. 587.
63) 이문열 (李文烈), 1984, p. 599.
64) 이문열 (李文烈), 1984, p. 653.
65) 이문열 (李文烈), 1984, p. 600.

のは誤った理論だ[66]。イデオロギーのために死ぬという人がいるなら、あざ笑って軽蔑しなさい。いかなる理念であれ思想であれ、いつまでも巧妙な論理と絢爛たる修飾で民衆を惑わしておくな[67]。ヒューマニズム、これが最善だ。人間は人間に優しくしなければならない[68]。共産主義は人間のために理念を作ったが、むしろ理念の名で人間を殺し、理念のために人間を犠牲にする。理念が人間より優先される転倒現象が起きた。民族はいくら逆らって拒否しようとしても、結局そこから自由ではない集団だ[69]。」ドンヨンは、民族主義はショービニズム狂信的愛国主義でも、ジンゴイズム好戦的民族主義でもないと強調する。ドンヨンは西洋人が作った理念のために民族が分断されたことに胸を痛める。この地でイデオロギー過剰現象を治癒することが必要であり、反外勢外国勢力反対の砦として民族主義が必要だと言う[70]。

ドンヨンは自伝ノートで、遅ればせながら自分が悟ったことを、理念の追従者ではなくヒューマニズムを象徴する最も人間的な父親として、息子に知らせるために書くと明らかにしている。ドンヨンが自伝ノートを書いた時間は 1953 年 6 月 13 日未明だった[71]。この時間は理念戦争によって同族間の戦いが最も激しかった韓国戦争の終盤の時期だった。

66) 이문열 (李文烈), 1984, p. 602.
67) 이문열 (李文烈), 1984, p. 650.
68) 이문열 (李文烈), 1984, p. 606.
69) 이문열 (李文烈), 1984, p. 652.
70) 이문열 (李文烈), 1984, p. 653.
71) 이문열 (李文烈), 1984, p. 654.

02 ジョージ・オーウェルの動物農場

1) 失敗した理念家ジョージ・オーウェル

George Orwell

社会主義者のジョージ・オーウェル George Orwell、1903-1950 が社会主義国家であるソ連を非難するのは辻褄が合わない。オーウェルは当初、社会主義国家であるソ連が全ての国民に平等な富を与える理想社会になると確信していた。しかし、スターリンが政権を握った後、少数支配者階級だけの独裁国家に急激に変質していくのを見て失望し、スターリンとソ連社会を批判するために『動物農場 Animal Farm』を著した[72]。オーウェルは『動物農場』のウクライナ語版の序文で、社会主義運動を回復させるためには、ソ連に対する神話を破壊することが核心だとまで力説した[73]。さらにオーウェルは、この本がソ連に密搬入されることを望むと述べた[74]。

ジョージ・オーウェルの本名はエリック・アーサー・ブレア

72) George Orwell, *Animal Farm*, New York: Penguin Books, 1999.

73) Orwell, 1999, p. xi.

74) Samantha Senn, "All Propaganda is Dangerous, but Some are More Dangerous than Others: George Orwell and the Use of Literature as Propaganda," *Journal of Strategic Security*, 8:5, Fall 2015, p. 150.

Eric Arthur Blair で、父親がアヘン局の下級官吏として勤めていたインドで1903年に生まれた。オーウェルは1歳の時にイギリスに戻り、1917年にイートン校に入学した。そこで『すばらしい新世界 A Brave New World』を書いたオルダス・ハクスリーからフランス語を学んだ。家庭が貧しかったため、オーウェルは大学進学を諦めた。警察試験に合格し、1922年から1927年までビルマ現在のミャンマーでインド帝国の警察として勤務した[75]。

オーウェルは文学を通じて社会を変えようとする参与文学家として、政治的な目的がない文は生命のない文だと述べた[76]。『動物農場』はまさにこのような政治的目的下で共産主義革命の裏切りとスターリンの独裁を批判するために著された本だ。ソ連共産主義を批判したオーウェルのもう一つの本に『1984年』がある。この2冊の本によって、オーウェルはソ連社会を批判する代表的な作家となった。オーウェルがソ連を批判したからといって、社会主義者の立場を放棄したわけではない。ヨーロッパの大部分の進歩的知識人と同様、オーウェルは社会主義を支持する立場を維持した。

共産主義を批判する『動物農場』に関するアイデアは、オーウェルがスペイン内戦 1936-1939 に参加した時の経験に由来する。スペインでフランコ将軍率いるファシスト軍隊と共和派の間で内戦が勃発した際、オーウェルは共和派を支援するためにスペインに行って内戦に参加した。しかし、理念の対立で深刻な内紛に陥っていた共和派に失望し、スターリン系列の全体主義に対して

75) Orwell, 1999, 本の表紙の最初のページ。ページ番号なし。

76) Orwell, 1999, p. vii; Orwell 의 “WHY I WRITE,” Michael Marland, ed., *Ideas, Insights and Arguments: A Non-fiction Collection*, Cambridge University Press, 2008, pp. 76-85 を参照のこと。

嫌悪感を持つようになった。なぜなら、スペイン共和派はスターリンの支援を受けていたからだ。オーウェルは暴力的な革命は独裁をもたらすと考え、反ユートピア主義者になった。この点で、ソ連式共産主義が理想社会をもたらすというイデオロギー神話に騙された同時代の社会主義の知識人とは異なる[77]。

オーウェルは『動物農場』を第二次世界大戦中の1943年11月から1944年2月までのわずか3か月間で執筆した。出版するため、限なく出版社を調べたが、全て断られた。その時期は第二次世界大戦当時であり、ソ連はイギリスの同盟国であったため、ソ連とスターリンを批判するのはイギリスの利害に反するためだった[78]。出版社を見つけることができず、オーウェルは自費で出版することも考えたが、1945年、イギリスの出版社Secker and Warburgが『動物農場』の出版を決め、世に出るようになった。第二次世界大戦が終息した後、アメリカとソ連を中心に冷戦が展開されたことで、ソ連に対するオーウェルの予言が正確だということが証明され、この本はより大きな関心を得るようになった。

オーウェルの『動物農場』は人間を動物に例えたところから示唆を見出すことができる。人間は理性を所有している存在で、本能だけを所有している動物とは存在的側面で大きな違い

---

77) Jason Cowley, "The road to revolution," *New Statesman*, December 11, 2020, pp. 39-40.

78) オーウェルはソ連の顔色を窺うイギリスの態度を、思想と表現の自由に対する脅威と批判した。オーウェルは、自由 (liberty) は (ソ連について) 聞きたくない事実のことだと力説した。ソ連の人々は、特にソ連の指導者を豚として描写することに抵抗を感じた。George Orwell, "Telling People what they don't want to hear: the original preface to 'Animal Farm'," *Dissent*, 43:1, January 1996; John Rodden, "Introduction, or Orwell Into the Twenty-First Century," *Midwest Quarterly*, 56:1, September 2014, p. 12.

がある。しかし、共産主義社会の支配者は国民の利益のためではなく、自分たちの私利私欲だけを満たすために支配者になろうとする。それゆえ、共産主義社会の支配者を理性がなく本能だけを持った動物に描写して批判したオーウェルの洞察力は鋭く正確だと言える。

2) 動物による動物のための動物農場

ウィリンドン Willingdon にあるマナー Manor 動物農場の主であるジョーンズ氏が、動物たちに仕事だけをさせて面倒を見ないため､動物たちは不満が溜まっていた[79]。農場名である「マナー」は中世時代の荘園や領地を意味する言葉で、動物農場の動物たちが中世の荘園に住む農奴のように搾取されて過ごしていることを示す。老いた雄豚であるメージャー豚は、飢えと過酷な労働で虐待される動物たちの不満を煽る。人間ジョーンズ氏を追い出し、動物が支配する農場を作れば、全ての動物のための理想的な動物農場を実現できると扇動する[80]。これに影響を受けた動物たちは革命を起こし、飼い主のジョーンズ氏を追い出し、動物だけで構成された動物農場を作る。

指導者階級に浮上した豚は、理想社会を作るため、動物主義の原理である七つの掟を制定して掲げ、動物たちを教育する。七つの掟は次のとおりだ。1. 2本足で歩く者は全て敵である。2. 四足脚と翼を持つ者は全て友人である。3. 動物は服を着てはならない。4. 動物はベッドで寝てはならない。5. 動物はお酒を飲んではならない。6. 動物は他の動物を殺してはならない。7. 全

79) Orwell, 1999, p. 3.
80) Orwell, 1999, pp. 3-10.

ての動物は平等である[81]。

　これに感動した一般動物たちは、一生懸命働けば理想社会が到来するという指導者の豚ナポレオンの言葉を信じて熱心に働く。動物の中でも特に馬車を引く馬ボクサーは豚たちの最も忠実な追従者で、体が大きく力が非常に強い。ボクサーは身を粉にして誰よりも熱心に朝から晩まで働く。ボクサーのモットーは「わしがもっと働けばいい」と「同志ナポレオンは常に正しい」だ[82]。ボクサーは仕事が間違っていても、上記の二つのモットーを反芻し、全く文句を言わずに仕事に精を出す。

　動物農場で最年長であるロバのベンジャミンは、革命が成功しても他の動物とは違って興奮もせず、笑わず、たまに冷笑的な論評だけをする[83]。アルファベットもよく読めない他の動物とは異なり、ベンジャミンは文章を読むことができるが、現実に参加せずに見守るだけだ[84]。

　動物たちは最初は食べ物も腹一杯食べ、余暇も楽しめるようになって喜ぶが[85]、指導者階級である豚と他の動物との間に不平等が生じ始める。不平等は、七つの掟を定めて平等社会を作ることにした初日、雌牛の牛乳が消えたことから始まる[86]。ジョーンズ氏が農場主だった時は、動物たちにもたまに牛乳が与えられたが、動物による動物のための動物農場が作られた後からは牛乳が消え、地面に落ちたリンゴもどこかに消えてしまった。実は牛乳

81) Orwell, 1999, pp. 15-16.
82) Orwell, 1999, p. 34.
83) Orwell, 1999, p. 4.
84) Orwell, 1999, p. 20.
85) Orwell, 1999, p. 17.
86) Orwell, 1999, p. 16.

とリンゴは豚の飼料として与えられていたのだった[87]。

豚たちは、自分たちは肉体労働をする他の動物たちと違って農場の経営と組織を担当する頭脳労働者であるため、健康が特に重要であり、牛乳とリンゴを飲まなければならないと主張する[88]。豚が不健康になって農場の経営と監督を誤れば、ジョーンズ氏が再び戻ってきてしまうため、豚だけのためではなく、ひとえに動物全体の利益のために牛乳とリンゴが必要だということだ。動物たちはジョーンズ氏が戻ってくることを望まないため、豚の特権を受け入れる。全ての動物が平等な世の中を作るために設立された動物農場が、動物たちの間で階級化が固着した不平等な農場に変貌したのだ。

支配者階級の豚はますます特権を享受し始め、農場の他の動物を監督するという名目で仕事もせずに遊んでいる。馬をはじめとする一般動物たちは奴隷のように死ぬほど熱心に働いたが、食べる量は減った。動物たちは常に寒さに苦しみ、常にお腹を空かせていた。一般動物たちの不満が少しずつ出始めると、支配者である豚ナポレオンは護衛隊として育てた凶暴な犬を利用して反対意見を持つ動物たちを抑圧する[89]。

ついに豚たちはジョーンズ氏が住んでいた屋敷に移り住み、七つの掟の禁止条項を破って、人間のように服を着て、酒を飲みながらタバコを吸い、ベッドで寝るようになる。他の動物たちはいつも腹を空かせているが、豚だけが腹一杯に贅沢し、ぶくぶく太っている。動物たちの心を最も悲しませたのは、豚たちがジョーンズ氏のようにムチを持って動物たちの働きを監督

87) Orwell, 1999, pp. 21-22.

88) Orwell, 1999, p. 22.

89) Orwell, 1999, p. 32.

しに来たことだ[90]。

動物たちは人間のように変わってしまった豚たちの姿に衝撃を受け、七つの掟を見に行く。ところが4番目の戒律の「動物はベッドで寝てはならない」は、動物はシーツのあるベッドで寝てはならないに変わっていた[91]。動物たちに酒を飲むことを禁止した5番目の戒律も「動物はアルコールを飲んではならない」から、動物はアルコールを過剰に飲んではならないに変わっていた[92]。

最も衝撃的な事件は、指導者ナポレオン同志が護衛隊の犬を利用して動物をバラバラに引き裂いて殺したことだ[93]。恐ろしい粛清が起きた数日後になってようやく、動物たちは初めて勇気を出して同じ動物を殺してはならないという6番目の戒律を見に行った。6番目の戒律もやはり「動物は他の動物を殺してはならない」から、動物は理由なく他の動物を殺してはならないに変わっていた[94]。七つの掟は平等な動物主義の原則ではなく、いつのまにか巧妙に支配階級である豚たちの特権と不平等を守護する条項に変質していたのだ。

動物たちは、そんなはずがない、はっきり七つの掟を記憶していると言うが、指導者豚の政策を雄弁に広報して動物たちを騙すスクィーラー豚は、動物たちが想像をしたり夢を見たのだと言い張る。動物たちは自分が間違って覚えたのだろう、見間違えたのだろうと見過ごしてしまう。

---

90) Orwell, 1999, p. 77.
91) Orwell, 1999, p. 40.
92) Orwell, 1999, p. 63.
93) Orwell, 1999, pp. 48-50.
94) Orwell, 1999, p. 52.

革命を起こした動物たちの夢は、全ての動物が平等で、食べ物に不自由することもなく、強者が弱者を保護する社会だった。しかし、腰が曲がるほど働いて残ったのは、飢えとムチだけだった。ついに動物たちは豚たちが人間のように歩くところまで目撃することになる[95]。

動物農場の裏切りを疑う他の動物たちとは異なり、熱心に仕事さえすれば良い日が来ると信じて自分の体を酷使した馬ボクサーは、肺が悪くなったにもかかわらず血を流すまで働き、結局倒れてしまう[96]。体を壊したボクサーを病院で治療すると言って馬車が 1 台来る。馬車に書かれた文字を見て興奮したロバのベンジャミンは、ボクサーが連れて行かれるのを防ぐために生まれて初めて走り回り、動物たちを馬車の周りに集める[97]。文字が読めない動物たちは、馬車が病気のボクサーを治療するために迎えに来たと思って安心する。ベンジャミンは、文字が読めない愚かな動物たちに馬車に書かれている文字を読んでやる。馬車の横には馬の屠殺業と書かれていた。動物たちは馬車の中に閉じ込められたボクサーに「奴らはお前を殺そうとしているのだから、早くそこから出ろ」と叫ぶが、老いて力のないボクサーは馬車から脱出できない。動物たちは馬車を引く馬 2 頭に、兄弟を死に追いやってはいけないと叫ぶが、愚かな馬 2 頭はあまりにも無知で何が起きているのか全く気づかず、ただ速度を上げて走るだけだ[98]。

ボクサーが連れて行かれた 3 日後、動物たちはボクサーがウィリンドンの病院で治療を受けたにもかかわらず息を引き

95) Orwell, 1999, p. 76.
96) Orwell, 1999, p. 68.
97) Orwell, 1999, p. 69.
98) Orwell, 1999, p. 70.

取ったという発表を聞く。豚のスクィーラーはいつものように絢爛たる話術で、ボクサーを乗せた馬車に馬の屠殺業と書かれているのを見て、ボクサーが廃馬の屠殺業者に送られたという性急な結論を下した動物がいることを知っていると話す。しかし、農場に来た馬車はもともと廃馬の屠殺業者の所有だったのが、後にウィリンドンの獣医に売られ、その獣医師が馬車に書かれた昔の商号を消していなかったため生じた誤解だと話す[99]。動物たちはスクィーラーの言葉にまた騙される。

指導者の豚ナポレオンはボクサーの死を悼む演説をしながら、ボクサーが生前に気に入っていた二つのモットーである「わしがもっと働けばいい」と「同志ナポレオンは常に正しい」を思い出させ、全ての動物にボクサーのようにもっと熱心に働くことと指導者を崇拝することを促す[100]。

ボクサーの遺体は指導者豚の約束とは異なり、動物農場に埋葬されることもない。数日後、ウィリンドンの食品店から大きな木箱が豚の住む家に運び込まれる。その夜、豚たちが住む家からはにぎやかな歌声が聞こえ、その後、激しく言い争う声も聞こえ、夜遅くにガラスが割れる音とともに物音は静かになった。翌日正午になるまで、家からは物音ひとつしなかった。噂では、豚たちがどこからかお金を工面してウイスキーを一箱も買って飲んだという[101]。豚たちはボクサーを屠殺したお金でウイスキーを一箱買い、一晩中飲みながら酔って遊んでいたのだ。

ボクサーも死に、革命以前の過去を記憶したり、反乱初期の農場が今より暮らしやすかったのか暮らしにくかったのかを

---

99) Orwell, 1999, p. 71.

100) Orwell, 1999, p. 72.

101) Orwell, 1999, p. 72.

記憶する動物はほとんどいなかった[102]。ただ年老いたロバのベンジャミンだけが、自分の長い生涯を克明に記憶していると言うだけだった。ベンジャミンは、今の状況が昔より良くも悪くもなってないし、今後変わることもなく、飢えと苦労と失望は人生の変えられない不変の法則だと言った[103]。

今や動物農場で全ての動物が平等だという原則を掲げた七つの掟は消え、ただ一つの戒律、「全ての動物は平等である。ただし、一部の動物は他の動物よりもっと平等である」というのだけが残っていた[104]。ただ一つ残った戒律は、動物間の不平等を守り、一般動物を過去の奴隷階級に、被搾取階級に戻したものだ。動物農場の名前も動物農場から、かつてのジョーンズ氏のマナー農場に戻った。支配階級の豚はジョーンズ氏の時の人間と同じ特権階級に戻り、誰が豚で誰が人間なのか区別できない姿になった[105]。

3) 裏切られた革命

ジョージ・オーウェルの『動物農場』は、貧富の格差、階級の不平等をなくし、理想社会を築くという名目で革命を起こしたが、革命を裏切ったソ連の指導者たち、特にスターリンを批判した小説だ。オーウェルがスペイン内戦に参加した期間は1936年12月から1937年6月までと長くないが、この期間にソ連式の全体主義に対して嫌悪感を持つようになった。オーウェルはこの経験をもとに、全ての歴史的変化は結局、既存の支配階級が他の支配階級に対峙することだと要約する。民主主義、自由、平等、博愛、

102) Orwell, 1999, p. 72.
103) Orwell, 1999, p. 74.
104) Orwell, 1999, p. 77.
105) Orwell, 1999, p. 81.

革命、ユートピア、階級のない社会、地上における天国実現のようなスローガンは、新しい階級が頑なに権力を獲得しようとする野心を隠す詐欺だと批判する[106]。

オーウェルはスペイン内戦で負傷した後、イギリスに戻り、1940 年までウォリントン Wallington に住んでいた。ウォリントンはロンドンから北に約 50km 離れた田園地域で、オーウェルはここに住んでいる間、ヤギ、雄鶏、子犬などを育てながら田園生活の楽しさを満喫した。オーウェルは雄鶏の名前にアメリカの自動車王フォードの名前をそのまま取ってヘンリー・フォード Henry Ford と呼び、プードルの子犬はマルクスと呼んで田園生活を楽しんだ。小説で動物農場の所在地であるウィリンドン Willingdon は、まさにオーウェルが住んでいたウォリントン Wallington が背景になったものと見られる。

この小説に登場する主な動物に豚と馬がいる。豚は特権化された共産党官僚集団を意味し、馬ボクサーに代表される動物は一般国民やプロレタリアを意味する。なぜ、オーウェルは豚を革命が起きた新しい動物社会の支配者階級に設定したのだろうか。一般的に考える豚のイメージは、鈍く、貪欲で、怠惰で、太っている。ところが、オーウェルは豚を動物の中で最も賢くて頭の良い動物に滑稽に変形させた。他の動物は文字が読めないが、豚は読み書きが完璧で、革命に必要なアイデアも提供し、全ての動物は自然と豚を革命のリーダーとして受け入れる。

動物農場で最も階級の高いの指導者ナポレオンは唯一の雄豚

106) Nic Panagopoulos, "Utopian/Dystopian Visions: Plato, Huxley, Orwell," *International Journal of Comparative Literature & Translation Studies*, 8:2, April 2020, p. 22 から再引用。原文は George Orwell, "Burnham's View of the Contemporary Struggle," *New Leader*, 30:13, March 29, 1947.

だが、繁殖力が良く、農場の全ての雌豚と交尾して子を生産する[107]。全ての動物のための理想社会を樹立しようと革命を煽った豚メージャーも、繁殖力の良さでは同じだ。メージャーは自分の子孫だけでも400頭を超えると自慢する[108]。

指導者のナポレオンを助ける豚として宣伝係のスクィーラーSquealerがいる。オーウェルは、英語でキーキー鳴くという意味を持つsquealから名前を取ってスクィーラーと名付けた。豚スクィーラーはその名の通り、華麗な話術でナポレオンの政策を宣伝し、嘘で動物を欺く役割を担う。動物たちが七つの掟が変わったと疑った時、スクィーラーは動物たちが間違って想像したり、間違って記憶していると詭弁を弄し、動物たちの疑いを鎮める。

豚は動物農場で最も多くの権力を持つ支配者階級で、彼らが担当する農場運営の仕事は頭脳労働だと言い訳をしながら、仕事もせず、遅く起きて豚のようにたくさん食べるだけだ。カール・マルクスの思想に従い、革命を起こして設立された共産主義国家を見ると、皆が豊かに暮らすという革命のスローガンとは異なり、共産党官僚からなる特権階級が豚のように社会の全ての財貨を独占し、自分たちだけが腹一杯に暮らす現象が現れている。

豚の次に頭の良い動物は犬で、豚ナポレオンは犬が生まれるや否や教育し、ナポレオンに反対し批判する動物を威嚇する忠僕に育てる[109]。幼い頃からナポレオンに教育され、独裁者の忠僕として成長した犬は、ヒトラー時代のユーゲントや毛沢東の紅衛兵を連想させる。幼い頃から盲目的に支配者のイデオロギーを注入された人々は、独裁者に無条件に服従し、独裁者の権力を守る役

---

107) Orwell, 1999, p. 64.

108) Orwell, 1999, p. 6.

109) Orwell, 1999, p. 21.

割をするようになるのだ。

無知な一般国民を象徴する代表的な動物として馬のボクサーがいる。ボクサーは力は強いが頭が悪く、アルファベットを覚えようといくら熱心に努力してもDまでしか覚えられない[110]。ボクサーはこれに満足し、代わりに仕事をたくさんすることで支配者階級である豚に報いようとする。他の動物はボクサーよりも頭が悪く、A以上は覚えることができない[111]。

年寄りのロバのベンジャミンだけは文字を読むこともでき、記憶力も良いため、状況がどうなっているのかわかっているが、ほとんど話をせず、現実参加もしない。革命が起こっても革命に対してあまり期待をせず、革命後も革命前と同じ態度を維持する。ベンジャミンが唯一興奮して飛び跳ねたのは、友人のボクサーが馬の屠殺業者に連れて行かれる時だが、ボクサーを救出するには遅すぎた。

馬は、共産主義革命が勃発した社会で共産主義イデオロギーを信奉し、指導者の言葉に従うプロレタリア階級を意味する。小説で見るように、彼らは知識もアイデアもない純真な人々で、ひたすら指導者の言葉だけを信じて仕事ばかりし、まともに食べることもできず、虐待ばかり受ける。全ての国民のために存在するという共産主義思想は結局虚構だったのだ。

共産社会の支配者階級に騙されやすい国民を救出するためには知識人の役割が重要だが、小説の中のベンジャミンのように、知識人たちは変質した革命に沈黙し、批判もまともにできない卑怯な階層だ。知識人たちは支配者のテロを恐れて非難できないこともあるが、むしろ政権に取り入って独裁者を宣伝する手先にな

110) Orwell, 1999, p. 20.
111) Orwell, 1999, pp. 20-21.

り、先頭に立って国民を欺くこともある。口達者なスクィーラーは、旧ソ連の共産党機関紙である日刊新聞プラウダを表す。知識人たちはスクィーラーのように、共産独裁者のプロパガンダを宣伝する宣伝家に転落しかねない。

暮らしやすい理想社会を宣伝していた長老の雄豚メージャーは、カール・マルクスを意味する。豚メージャーは、動物たちの一生が悲惨で困難に満ち、精根尽きるまで仕事ばかりして、やがて人間に屠殺されるのだと革命を煽り、全ての動物が平等な理想社会を作ろうと熱弁をふるう[112]。しかし、それは夢に過ぎず、革命が起きた後の動物農場は支配階級になった豚だけが肥え太り、残りの動物は革命前と同じように依然として腹を空かし、寒さに苦しむ。少数の支配階級を除き、革命が起こっても国民の暮らしは一つも良くなったことがない。

なぜ、こうなったのだろうか。本質的には国民を騙した支配階級に一次的な責任があるが、愚かで判断力がなく、無条件に豚に従う動物にも責任がある。賢い豚と力を持った馬ボクサーが協働すれば、理想的な動物農場が実現できると信じた動物たちにも過ちがあるのだ。ベンジャミンのような知識人に責任意識がないのも非難を免れない。彼らは事態がどのように変質していくのかわかっていながら冷笑的な論評をたまにするだけで、先頭に立って革命の変質や指導者の腐敗を牽制しなかった。

オーウェルが描いた動物農場で起きた革命の裏切りは、共産主義革命が起こったソ連でも同じように現れた。動物農場の豚たちと同様、レーニンやスターリンのようなソ連の革命指導階級も、最初は貧富の差と階級の不平等をなくし、全ての人が住みや

112) Orwell, 1999, p. 20.

すい理想社会を建設するという約束の下で革命を起こし、共産主義国家を建設した。しかし、革命を起こす時に革命を正当化する根拠として掲げた平等な社会はスローガンだけで終わり、革命後には平等とは程遠い、不平等が深刻化した社会が出現した。共産主義を70年余り社会実験したが、動物農場と同様、実際にソ連では食べ物がなく、食品を手に入れようと人々が肉屋とスーパーマーケットの前に長い列を作った。これは結局、共産主義ソ連の崩壊をもたらした[113]。

なぜ、革命が腐敗し、独裁者が出現したのか。マルクスは資本主義社会が発達すればするほど貧富の格差が激しくなり、労働者が革命を起こすと主張した。しかし、マルクスの理論とは異なり、共産主義革命が初めて起こったロシア社会を見ると、レーニンをはじめとする少数の知識人が主導して革命を起こしている。当時、帝政ロシアはプロレタリアが形成されてもおらず、迫害を受けていた農民たちも革命を起こす主導勢力ではなかった。なぜ、貧しく抑圧されている人々が革命を起こさないのか。なぜ、中産階級の知識人が革命を起こすのか。

ハンティントン Samuel P. Huntington によると、革命を起こす可能性のある階層に、マルクスの用語であるルンペンプロレタリアート都市に住む貧民と産業労働者がいる。ところが、都市貧民はスラム街に住んでいても生活水準が田舎に住んでいた時の生活水準より高く、政治的受動性と社会的服従という田舎の価値に埋没して革命勢力にならない。産業労働者は労働組合に加入して統制され

113) オーウェルが『動物農場』と『1984年』で共産主義の暗鬱な独裁を予言したため、むしろ人々がこれを警告として受け入れ、共産主義の没落をもたらしたと言える。John Rodden, 2014, p. 18.

るため、革命のような政治的急進行動には参加しない[114]。したがって、革命を主導する階層は、旧体制に不満を持ち、新しいイデオロギーに露出された中産階級出身の知識人だと主張した。ソ連の共産主義革命だけでなく、フランス革命、中国革命を見ても、革命を主導した勢力は中産階級出身の知識人階層だった。

ジョンソン Chalmers Johnson はこれを革命前衛隊 revolutionary vanguard と革命階級 revolutionary class との衝突と解釈する[115]。革命を起こす過程には革命前衛隊と革命階級、すなわち大衆がいる。革命を誘発し指導する人々は、新しい理念にさらされた、新しい世界を夢見る少数の知識人だ。革命を成功させるためには、革命を支持する追従者の助けが必要だ。革命前衛隊は大衆を動員するため、口先だけの公約を出し、大衆はこれに騙されて革命前衛隊の革命を支持する動員手段として合流する。

しかし、革命が終わると、革命前衛隊は革命階級を捨てて自分たちだけの利益のために政治をする。ジョンソンが述べたように、革命前衛隊と革命階級の間の対立が起こることになるのだ。結局、この対立で勝利するのは革命前衛隊であり、革命階級は単に革命に勝利するために数字だけを提供する手段に転落することになる。革命が起きても平等な理想社会が具現されるわけではなく、むしろ旧体制よりはるかに激しい不平等が起こる独裁体制が誕生するのだ。革命は必ず裏切る[116]。

---

114) Samuel P. Huntington, *Political Order in Changing Societies*, New Haven: Yale University Press, 1968, 5 章を参考。

115) Chalmers Johnson, "What's Wrong with Chinese Political Studies?" *Asian Survey*, 22:10, October 1982.

116) Cowley, 2020, p. 40.

4) 新しい階級の登場

共産主義革命の後、政権を掌握した共産党官僚は独裁政治を行った。旧ユーゴ連邦のミロヴァン・ジラス Milovan Djilas、1911-1995 は新たに支配階級として出現した共産党官僚階級を批判し、新階級 new class と命名した[117]。新しい階級が誕生したなら、当然旧階級 old class があるはずだ。旧階級は誰を意味するのだろうか。旧階級は資本主義社会のブルジョア階級を指す。

ジラスは、共産革命が起こって旧階級である資本主義社会のブルジョア階級は消えたが、階級の平等が起きたのではなく、むしろ不平等が深刻化し、新しい特権階級が現れたと主張した[118]。この新階級は旧階級よりもはるかに独裁的で多くの特権を持っていたとし、共産主義社会を辛辣に批判する。共産主義を批判したという理由で、ジラスは第二次世界大戦当時、遊撃隊の同僚であり、当時旧ユーゴ大統領だったティトーに粛清される[119]。ジラスは、科学と歴史の名を借りて共産主義だけが絶対的に正しいという革命的マルクシズムと決別し、社会的批判を受け入れて社会を改革しなければならないという改革主義者に変貌する[120]。

ジラスは『新しい階級』の序文で、共産主義者としての自身の道のりを淡々と述懐する。成人した後、ジラスは真の共産党設立のため、共産党の低い階級から高い階級まで、地方の共産党フォーラムから全国的・国際的フォーラムまで、革命の組織から

---

117) Milovan Djilas, *The New Class*, New York: Harcourt Brace Jovanovich, 1957.

118) Djilas, 1957, p. 58.

119) Jan De Graaf, "Outgrowing the Cold War: Cross-Continental Perspectives on Early Post-War European Social Democracy," *Contemporary European History*, 22:2, April 2013, p. 336.

120) Milovan Djilas, *The Unperfect Society*, tr. by Dorian Cooke, New York: Harcourt, Brace & World, 1969.

社会主義設立まで、全過程を共にしたと述べている。誰にも共産主義を受け入れたり拒否するよう強要されたことはないが、自身の確信によって共産主義者になることを自由に決めたと告白する。共産主義に対する失望が極端だったり衝撃的ではなかったが、次第に共産主義についての実状を知り、現代の共産主義の実体から意図的に遠ざかったと回顧する[121]。

既存の革命、すなわちブルジョア革命と共産主義革命との違いは、ブルジョア革命は恩恵が全ての人に与えられたのに対し、共産主義革命は革命の結果が革命に参加した全ての人に渡らず、官僚にだけ渡った点であり、ジラスはこれを批判する[122]。革命が成功するためには少数の指導勢力が必要だが、共産主義は革命が成功に終わった後も依然として少数集団の独裁と中央集権主義、理念の排他性、理念の同一性を維持する[123]。

ジラスは、共産主義は最も理想的な理念を掲げて革命を始めたが、国民を欺く最も巨大で永遠に続く幻想に転落したと批判した[124]。フランス革命は自由、平等、博愛を約束したが、ロベスピエールの独裁に終わった。ロシア革命は世界を完全に変革させるという科学的見解で遂行されたが、これも独裁に終わった[125]。

歴史的に見て、共産主義はどの革命よりも多くのことを約束したが、達成できたものは何もなく、共産革命は必要なかったとまで辛辣に批判する。共産革命後に現れた体制は、絶対的かつ全体主義的権力によって支配される体制だ。階級の不平等がない社

121) Djilas, 1957, p. vi.
122) Djilas, 1957, p. 27.
123) Djilas, 1957, p. 26.
124) Djilas, 1957, p. 30.
125) Djilas, 1957, p. 32.

会が現れるだろうというマルクスの予測も間違っており、特にプロレタリア独裁政治により自由で階級のない社会が出現するだろうというレーニンの予測も間違っている[126]。

ジラスは、共産主義が階級をなくすという理想で出現したが、革命以前の社会と一つも変わらない共産主義独裁に帰結したと主張する。共産主義社会の階級関係は階級のない社会ではない。完全な権力を所有した共産党官僚という新しい単一階級が誕生し、彼らが行政を独占し、国家の所得と財貨を管理する永遠の特権階級になったと猛烈に批判する[127]。

ロシアに限らず他の共産主義国家を見ても、レーニン、スターリン、トロツキー、ブハーリンが予想したのとは全く違う共産主義の姿が現れた。共産主義者たちは、国家が急速に消滅して生活水準が急速に向上し、民主主義が強化されると予測した。都市と田舎の格差、知的労働と肉体労働の格差も時間がかかるが消えると宣伝した。

しかし、正反対の現象が現れた。共産主義体制の下で国家が消滅するどころか、さらに強力になった[128]。生活水準も向上するどころか悪化した。ソ連で産業化が進んで生産量は増えたが、大衆の生活水準は向上せず、反対に共産党官僚出身の新しい階級だけが経済発展の恩恵を受けた。大衆の犠牲と努力の上に新階級だけが利益を得たのだ。特にソ連が占領した東ヨーロッパ諸国では生活水準がさらに悪化した。全ての共産主義国家で産業化は速いスピードで行われたが、これに比例して生活水準の向上は起きなかった[129]。

---

126) Djilas, 1957, pp. 31-33.

127) Djilas, 1957, pp. 35-36.

128) Djilas, 1957, p. 86.

129) Djilas, 1957, p. 50.

ソ連共産主義者の最大の妄想は、ソ連の産業化と集団化、資本主義体制の打破と私有財産制度の廃止が階級のない社会をもたらすということだった。スターリンは搾取階級は廃止されるだろうと述べた。ソ連では資本主義階級や封建領主のような起源の古い階級は実際に破壊された。しかし、歴史上存在したことのない新しい階級が出現した[130]。

この新しい階級とはまさに官僚階級である[131]。いや、より正確に言えば、政治的官僚階級だ。新階級は社会の上に君臨し、社会全体を支配する権力を持っている。実際、レーニンでさえ新階級を予想できなかった。新階級は共産党員全体ではなく、その中でも党の中核である職業革命家を起源とする。職業革命家というのは、革命が職業だという意味だ。彼らは全ての財貨の所有者であり搾取者である。新しい政党が新しい階級ではない[132]。新階級は党と国家で最高の位置を持つ人々で、行政的独占権を持ち、全ての特権と経済的利益を享受する者たちだ[133]。新階級は結局、伝統的な寡頭制と同じだ[134]。新階級が強くなればなるほど、党は弱くなる[135]。

新階級が出現した現象は、ソ連によって強制的に共産主義政権が樹立された国家はもちろん、自生的に共産主義政権が樹立された国家の場合でも同じように現れた。共産革命で苦労の末に権

130) Djilas, 1957, pp. 37-38.

131) Joshua Muravchik, "The Intellectual Odyssey of Milovan Djilas," *World Affairs*, 145:4, March 1983, p. 326.

132) Djilas, 1957, pp. 38-39.

133) Djilas, 1957, p. 39, 55.

134) Djilas, 1957, p. 170.

135) Djilas, 1957, p. 40.

力を獲得した以上、新階級は権力を絶対に手放そうとしない[136]。これは全ての権力に共通して現れる現象だ。

共産主義でない社会にも官僚はいる。しかし、これらの社会では官僚の上に選挙で選出された政治的主人がいる。しかし、共産主義社会では官僚の上に主人や所有者がいない。ローマ法において所有権は使用権、すなわち物質的財貨を使用して楽しむ権利を示す。共産主義社会の政治官僚は、国の全ての財産を使用し、楽しみ、処分する[137]。彼らは国家と社会のためという名目で国家財産を管理し配分しながら、実際には全ての特権と財産を所有する。彼らは非常に裕福で、働く必要はない[138]。

彼らは職業として権力や政治を選んだ寄生階層で、他人を犠牲にして理想的に生きていける[139]。革命前は共産党員という名前が犠牲を意味したが、革命後、共産党が権力を掌握した後は共産党員は特権階級を意味する。共産党の核心党員は全知全能の搾取者であり主人だ[140]。彼らは経済的にも莫大な恩恵を受けている[141]。すばらしい住宅、田舎の別荘、素敵な家具、最高に良い車、一般人は入れない彼らだけの排他的地域が最高の官僚のために設定された[142]。革命が成功した後、これらの政治官僚たちは産業化という名目で、集団所有制度という名目で、社会主義式所有権という名目で、彼らが持っている実質的所有権

136) Djilas, 1957, pp. 174-175.
137) Djilas, 1957, p. 44.
138) Djilas, 1957, p. 45.
139) Djilas, 1957, p. 46.
140) Djilas, 1957, p. 47.
141) Djilas, 1957, p. 53.
142) Djilas, 1957, p. 57.

を偽装してきたのだ[143]。

ジラスの独創性は、共産主義を資本主義社会と同様に所有関係で再分析したという点だ。言い換えれば、共産主義者は共産主義社会で生産を共有することで資本主義社会の私有財産制を廃止したと主張するが、ジラスは実際には政治官僚が国民皆の財産を所有する官僚財産制度に変換させたことを発見した。共産主義者たちは階級の不平等をなくすため、資本主義社会の私有財産制度を国家所有に置き換えた。ジラスは、共産主義社会が労働者の労働と土地で生産された財貨を全て国家の所有に還元することで、国家による、政治官僚という新しい階級による私有財産制度に変形させたと主張する。西ヨーロッパの資本主義社会が私的な資本主義だったとすれば、共産主義社会の資本主義は国家資本主義であり、これは新しい形態の資本主義にほかならない。

しかし、共産主義体制の官僚資本主義は、資本主義体制の資本主義よりさらに悪い資本主義だ[144]。資本主義社会では資本家が労働者の労働から出る利潤を議会の立法や労働者のストライキを通じて労働者と共有した。しかし、共産主義社会では新階級が労働者と利潤を共有することを許さなかった。新階級が労働者と利潤を共有することになれば、彼らが独占している財産、イデオロギー、政府権限に対する独占を剥奪されるためだ。労働者と利潤を共有することは共産主義から直ちに民主主義と自由が始まることであり、ひいては共産主義体制の独占と全体主義を終息させることになるため絶対に容認できない[145]。新階級のように

143) Djilas, 1957, p. 47.

144) Djilas, 1957, p. 172.

145) Djilas, 1957, p. 45.

最高に凝集力が強く、集団的で、所有権と全体的権威を唯一所有した階級は歴史上のどの階級にも存在しなかった[146]。

新階級はどのように誕生したのだろうか。第一の理由はジョンソンが主張した通り、革命が成功した後に発生する革命前衛隊と革命階級の間の対立のためだ。第二に、ソ連の急速な産業化過程によって誕生した。レーニンによって帝政ロシアで革命が成功した時、ロシアの状況はマルクスが予測した通り、資本主義が高度に発達した状態ではなく、農業が支配していた社会だった。レーニンはすでに産業化を成し遂げた欧州諸国に劣らない速さで産業化を成し遂げる必要があった。そのため、レーニンは共産主義理論に従って全ての私有財産をなくし、国家が主導する重工業中心の産業化を成し遂げようと試みた。この目標どおりに経済発展政策を樹立し、財貨を国有化し、社会を支配し、財産を分配する行政家が必要になった[147]。

速いスピードで産業化を進める過程で、独占的権力を所有した新階級が登場した。新階級は権力を持つために所有権が非常に重要だという点に気づき、彼らの権力はより絶対的なものに変貌した。ジラスは、新階級が権力だけでなく、産業化から出る利益も全て所有したと見ている。ジラスによると、集団農場を作ったのも農業生産力を高めるためではなく、農民と中農業者の所有権を奪うためだという[148]。ジラスはこのような側面から、レーニンによって誕生し、スターリンによって建設されたソ連を「産業化された封建主義[industrial feudalism]」と特徴づけた[149]。

---

146) Djilas, 1957, p. 59.

147) Djilas, 1957, pp. 55-56.

148) Djilas, 1957, p. 56.

149) Milovan Djilas, "A Revolutionary Democratic Vision of Europe," *International*

ジラスはここからさらに発展させ、「社会的」という言葉が共産主義では法的なフィクションだと主張する[150]。全ての人が共有する社会的財産、社会的権力はない。実際には新階級が国の全ての財貨と権力を所有するだけだ。共産主義社会では権力と所有が同一だ[151]。

第三に、新階級は労働者がいるからこそ可能だ。農民の間から貴族が誕生し、商人と職人の間から支配階級であるブルジョアが誕生するように、新階級は労働者がいるために誕生する[152]。労働者は知的に劣っているため、新階級が出現できる基盤を提供する。

労働者はなぜ新階級を支持するのだろうか。その理由は、産業化が進むにつれ、新階級が労働者階級を貧困と絶望から救出してくれると信じるためだ。新階級の利害、理念、信念、希望が労働階級と貧しい農民の利害と一致するため、彼らは連合する。このような現象は他の時期を見ても同じだ。ブルジョアは封建領主との戦いで農民の利益を代弁した。

新階級は反資本主義的だ。したがって、論理的に労働階層に依存せざるを得ない。労働者も伝統的に搾取のない社会主義と共産主義社会を信奉するため、新階級は労働者の闘争によって支持される。新階級は労働階級の利害を代弁するチャンピオンとして位置づけられる[153]。

労働階層の支持を受けて新階級が権力を掌握するが、それは

Affairs, 66:2, April 1990, p. 269.

150) Djilas, 1957, p. 65.

151) Djilas, 1957, p. 66.

152) Djilas, 1957, p. 41.

153) Djilas, 1957, pp. 41-42.

労働階級と貧しい人々に関心を持たせる程度に生産を持続させ、最も攻撃的で反抗的な社会勢力[農民]を服従させる時までだ。労働階級のためという名目で新階級が権力を独占するが、実際は労働階級に対する支配力を独占することだ。新階級は最初は労働者の中で知識のある労働者を独占し、次に労働者全体を独占する[154]。

第四に、新階級はスターリンによって強化された。レーニンは独裁を行ったが、スターリンは独裁よりもさらに激しい全体主義を実施した[155]。スターリン時代に新階級は政府、所有権、イデオロギーを独占的に支配していた[156]。その結果、「労働者による独裁」は虚構となり[157]、新階級と共産党の独裁がさらに激しくなるという現象が現れた。帝政ロシアのツァーリよりも恐ろしい独裁が出現した[158]。新しい形の官僚的独裁[bureaucratic despotism]が出現したのだ[159]。

新階級の登場は、英雄的革命の時代が終わり、現実的な人々の時代に入ったことを知らせるシグナルだ[160]。彼らは権力と富は持っているが、新しいアイデアをこれ以上提示することはできない。彼らはもはや大衆に話すことがない。たった一つ残っているのは、新階級を正当化することだけだ。共産主義革命後に登場した新階級は、ブルジョア革命後に一時的に登場したクロムウェルの独裁やナポレオンの独裁とは異なり、永久的独裁で恣意

154) Djilas, 1957, p. 42.
155) Djilas, 1957, p. 75.
156) Djilas, 1957, p. 78.
157) Karl Marx, "Critique of the Gotha Program," *The Marx-Engels Reader*, ed. by Robert C. Tucker, New York: W. W. Norton & Company, 1978, p. 538.
158) Djilas, 1957, pp. 117-118.
159) Djilas, 1957, p. 141.
160) Djilas, 1957, p. 53.

的官僚体制だ[161]。ジラスが述べたように、新階級は永久的であるため、共産主義体制そのものが崩壊した場合にのみ消える。

新階級の出身背景はどうだろうか。ジラスはハンティントンのような既存の革命理論家たちとは異なり、新階級は労働階層から補充されると主張する。かつて奴隷階級が主人のために最も賢く能力のある人々を提供したように[162]。

新階級への挑戦はなかったのだろうか。もちろんあった。レーニンが亡くなり、スターリンが政権を握った時、トロツキーの抵抗があった。トロツキーは、スターリンの独裁と全体主義が、フランス革命思想を終わらせ保守主義の復活をもたらしたテルミドールの反動と同じだと指摘した。トロツキーは新階級をなくすため、上からの革命、つまり宮廷革命が起こるべきだと主張したが失敗した[163]。これはまるで『動物農場』で豚のスノーボール^トロツキー^とナポレオン^スターリン^が対立し、ナポレオンの勝利で終わるようなものだ。スターリン死亡後、フルシチョフによってスターリンに対する否定が起きたが、ジラスはこれは形式的なだけで、新階級の独裁はさらに激しくなったと述べている[164]。

ジラスは新階級が人類史上最も恥ずべき詐欺であると断定している。そのため、新階級は歴史から必ず消えなければならないと声高に主張した[165]。ジラスは共産主義は滅亡し、新階級も消滅すると予言した[166]。ジラスの念願どおり、共産主義の没落と共に共産主義の官僚階級は消えた。しかし、まだ他の国には新階級の

161) Djilas, 1957, p. 54.
162) Djilas, 1957, p. 42.
163) Djilas, 1957, p. 51.
164) Djilas, 1957, p. 51.
165) Djilas, 1957, p. 69.
166) Djilas, 1957, p. 214.

別のタイプが残っている。ジラスの予言は半分は正しく、半分は間違っている。

・・

03 ソーントン・ワイルダーのわが町

1) 現実主義者ソーントン・ワイルダー

Thornton Wilder

ここまで、神話と聖書、そして文学作品の中に内包された政治思想を通じて、理想社会を建設しようとする人間の願いを多様な側面から分析してきた。しかし、我々が住んでいるこの地に理想社会を実際に具現することは事実上ほとんど不可能だという結論に達した人々がいる。理想社会の建設という叶わぬ夢から抜け出し、現実の生活に充実して生きることが真の幸せだという主張を文学作品『わが町 Our Town』で表現した作家が、他ならぬソーントン・ワイルダー Thornton Niven Wilder、1897-1975 である[167]。

ソーントン・ワイルダーは、彼の代表的な戯曲である『わが町』で、人生は有限なため、いつ到達するかわからない理想社会を追求するために時間を浪費するよりも、生きている間のすべての瞬間を大切にして生きるべきだと力説する。ワイルダーは、古

167) Thornton Wilder, *Our Town: A Play in Three Acts*, New York: Harper Collins, 2003.

代に栄華をきわめたバビロンには200万人もの人々が住んでいたが、彼らについて我々が知っているのは、ハンムラビ王やネブカドネザル王のような数人の王の名前と、小麦や奴隷売買の契約書の数枚だけだと述べている[168]。

バビロンが偉大な帝国だったというが、一回限りの出来事が我々にとって何の意味があるだろうか。長い歳月が経てば、当時重要に見えた歴史的事件は忘れられてしまうが、人々の日常生活は時代に関係なく同じように進んでいく。古代バビロンでも、今ここにいる我々のように、毎晩煙突から煙が立ちのぼり、父親が仕事を終えて帰宅し、家族全員が座って夕食を食べただろう。

数千年が経っても毎日の平凡な日常生活が失われずに続く理由は、素朴に見える日常生活が人が生きていく上で一番重要だからだ[169]。千年前も、今も、遠い未来も、人々が生まれ、成長し、結婚し、死ぬのは同じだ[170]。

ソーントン・ワイルダーは、1927年にリンドバーグが初めて大西洋を横断した飛行や1919年の第一次世界大戦を終結させたベルサイユ条約のような巨大な歴史的出来事よりも、人々の毎日の平凡な生活がより重要だと考えていた。ソーントン・ワイルダーの思想は、古代ローマのエピクロス学派の詩人で日常的な暮らしの幸福を追求したホラティウスの詩の一節である「Carpe

---

168) Wilder, 2003, p. 33. ハンムラビ王(BC.1810-1750年頃)は「目には目を、歯には歯を」というフレーズで有名なハンムラビ法典を作った王である。ネブカドネザル王(BC.634-562)は聖書の旧約に何度も出てくるが、特にダニエル書に彼に関する記録が多く出ている。両王が統治していた時期にバビロニアが栄えた。

169) Gerald Weales, "A Writer to the End," *Sewanee Review*, 118:1, Winter 2010, p. 122. ワイルダーは、この作品のテーマが広大な社会歴史や宗教的観念に対する展望、省察ではなく、人間の生活の些細な日常にあると述べている。

170) Wilder, 2003, p. 33.

Diem」－今生きているこの瞬間に忠実であれ－という格言に符合すると言える。

『わが町』はアメリカの劇作家で小説家のソーントン・ワイルダーが1937年に発表した戯曲で[171]、テネシー・ウィリアムズと同様、ワイルダーはこの戯曲で1938年にピューリッツァー賞を受賞した。ワイルダーはすでに1928年に『サン・ルイ・レイの橋 The Bridge of San Luis Rey』で人生初のピューリッツァー賞を小説部門で受賞している。ワイルダーは1943年、戯曲『危機一髪 The Skin Of Our Teeth』で3度目のピューリッツァー賞を受賞した。彼は小説と演劇の両方でピューリッツァー賞を受賞した唯一の作家だ[172]。

ソーントン・ワイルダーはアメリカウィスコンシン州マディソンで多才な家庭に生まれた。彼の父親と兄はワイルダーと同じくイェール大学を卒業し、そこで博士号も取得した。ワイルダーの兄弟の中には教授が多かった。兄はハーバード大学の神学教授で、妹たちは英文学教授と生物学教授だった。

ワイルダーの父親はウィスコンシン州マディソンで新聞社のオーナー兼編集長だった[173]。ワイルダーが『わが町』で女主人公エミリーの父親であるウェッブ氏を新聞発行人で編集長に設定したのは、おそらくワイルダーの父親をモデルにしたものだろう。ワイルダーの父親はセオドア・ルーズベルト大統領によって香港と上海の総領事に任命され、ワイルダーは父親と共に幼い頃を中国で過ごした[174]。

---

171) Wilder, 2003, p. xiv.

172) Pulitzer.org/prize-winners.by-category/218 検索日 2021. 10. 21.

173) http://www.twildersociety.org/biography/life-and-family/ 検索日 2020. 9. 19.

174) http://www.twildersociety.org/biography/life-and-family/ 検索日 2020. 9. 19.

ワイルダーはカリフォルニア州バークレーの高校を出た。イェール大学を卒業し、プリンストン大学でフランス文学の修士号を取得した。卒業後、イタリアに行って考古学を勉強し、英語、中国語、フランス語、イタリア語の4ヶ国語に精通していた。ワイルダーはシカゴ大学で1930年から1937年まで比較文学などを教え、1950年から1951年までハーバード大学で客員教授として詩を教えた。ワイルダーは当代の有名人と交流した。その中には心理学の父フロイト、『誰がために鐘は鳴る』の作家アーネスト・ヘミングウェイ、『偉大なるギャツビー』の作家フィッツジェラルドなどがいる[175]。

ワイルダーは旅行が好きで、作品のインスピレーションを得るために世界中を歩き回った。大抵1年に200日程度は海外に滞在した。ワイルダーは1930年にイェール大学が位置するコネチカット州のニューヘイブン New Haven から近いハムデン Hamden に引っ越し、そこで1975年に一生を終えるまで居住した[176]。

ワイルダーの父は子供の教育に熱心で、どの学校に入学するかも全て父親が決めた。ワイルダーは少年時代、父親の教育観によって、夏休みの間、カリフォルニア、ケンタッキー、バーモント、コネチカット、マサチューセッツ州などの農場で働いたりした[177]。『わが町』の男主人公ジョージが農業大学に進学する夢を持ち、エミリーと結婚して農場を運営するように設定したのは、ワイルダーのこのような経験に由来するようだ。

2001年、アメリカのニューヨークで9・11テロが発生して

175) Wilder, 2003, pp. 179-180.

176) Wilder, 2003, p. 181.

177) Wilder, 2003, p. 1; http://www.twildersociety.org/biography/life-and-family/ 検索日 2016. 8. 20.

から数日後、ニューヨークの聖トーマス教会で行われたテロ犠牲者のための追悼式で、当時イギリスの首相だったトニー・ブレアが、ワイルダーが 1927 年に著した小説『サン・ルイ・レイの橋』の最後の部分を引用した。この小説でも橋で事故が起き、罪のない人が死ぬ。ワイルダーはこの小説の最後の部分で罪のない純真な人々の死に対する神の意思、生と死に対する考察、人生に対する献辞についての思想を表出した。トニー・ブレア首相がこの部分を引用することで、ワイルダーの日常的な暮らしに対する賛辞が世の中の人々の共感を得ているという事実が再び立証された。

> 死を目撃した人々はなぜそのような死が起きたのか、純真で無実な人々に対する神の意思とは何かについて考える。しかし、私たちもすぐに死ぬだろうし、死んだ人たちは生きた人たちに愛され記憶されるが、それも一瞬で忘れ去られるだろう。しかし、その愛で十分だ。生きている時に愛を施すことが死者を記憶するよりもっと重要だ[178]。

2) 現実と平凡な暮らしの賛美

『わが町』の舞台はアメリカ北東部ニューハンプシャー州のグローバーズ・コーナーズという架空の町である。この戯曲は、アメリカの平均的な町を代表する平凡な町で起こる平凡な人々の物語を扱っている。隅という意味を持つコーナーズという町の名前からもわかるように、舞台となる町は大きくて華やかな都市ではなく、隅っこにある小さくて平凡な町だ。劇では特別な事件は起きず、偉大な人々も登場しない。これは、小さな町で展開さ

---

178) https://www.theguardian.com/world/2001/sep/21/september11.usa11 検索日 2016. 9. 13.

れる普通の人々の日常的な暮らしが我々にとって重要であるという点を暗示している。

ワイルダーが『わが町』の背景にニューハンプシャー州を選んだのは、ワイルダーが主にニューハンプシャー州マクドウェルでこの戯曲を執筆したためだと思われる[179]。ワイルダーはいつも執筆する際、家にある机で文を書かず、ホテルや人目につかない隠れ家で執筆した。ワイルダーは『わが町』をカリブ海の島、スイスのチューリッヒ、サンモリッツなど、様々な地域に滞在しながら書いたと明らかにしている。その中でも特にニューハンプシャー州にあるマクドウェルの小屋で『わが町』の原稿を書いた[180]。ワイルダーは執筆中、ルソーと同様に散歩を楽しんだ。天気に関わらず、長い時間散歩をしながら『わが町』を構想した。ワイルダーは、一日散歩をした後に執筆する原稿の分量は 15 分程度の演劇場面だと回顧した[181]。

『わが町』には他の戯曲にはない舞台監督という独特のキャラクターが存在する。舞台監督は劇の背景を説明し、ある時は劇中の人物としての役割をすることもある。ジョージとエミリーが結婚する時、牧師になって司式者を担ったり、ジョージとエミリーがドラッグストアで愛を告白する時にはドラッグストアの主人になったりもする。

しかし、何よりもこの戯曲の特徴は、内容が短いながらも構成が非常にしっかりしているという点だ。町で生きていく普通

179) マクドウェルが『わが町』の背景になった町であるグローバーズコーナーズのモデルだという。Bud Kliment, “The birth and life of an American classic: ‘Our Town’,” pulitzer.org/article/birth-and-life-american-classic-our-town 検索日 2022. 3. 18.

180) Wilder, 2003, p. 152.

181) Wilder, 2003, pp. 116-117, 145.

の人々の人生を扱っているこの戯曲は100ページ程度しかないが、生と死についての哲学的省察[182]が組み込まれながら、人生の全過程が3幕で構成されている。第1幕は日常生活 Daily Life を、第2幕は恋愛と結婚 Love and Marriage を扱っている。次に来る最後の3幕目は何についてだろうか。舞台監督は第2幕の後に来る場面は最後の幕で、その内容が何か見当がつくはずだと話す[183]。朝から晩まで続く毎日の生活、恋愛と結婚、そしてその次に来る人生の過程で、皆が避けられず直面しなければならない人生の場面は何だろうか。それは他ならぬ死だ。死は迎えたくなくても誰も避けることのできない自然の法則だ。人生の終わりは誰にとっても死で終わる。どんなに偉大な人でも人生が提供するこの3段階を飛び越えられる人がいるだろうか。

『わが町』の時代的背景は1901年で、この時期はまだ経済発展、資本主義発展、産業化、都市化が急激な速度で起こる前の時代だ。自動車は町で最も裕福な銀行家のカートライト氏によって、5年後にようやくこの町に登場する。町人たちは平穏で田園的な生活を送っている時期で、朝は鶏の鳴き声から始まる[184]。しかし、少しずつ都市の影響がこの隅にある町に押し寄せて来ているのか、都市のように夜寝る時に玄関のドアをロックする人もいる。しかし、ほとんどの町人はまだ鍵をかけずに暮らしている[185]。

20世紀初頭、この町に住む人々は町の外にほとんど出られ

182) Kliment, 検索日 2022. 3. 18.

183) Wilder, 2003, p. 48.

184) Wilder, 2003, pp. 4-5.

185) Wilder, 2003, p. 42.

ず、所得が高くないため文化生活も楽しむことができない[186]。家事と養育は全て女性の役目だ。朝早く起きて一日中料理を作り、洗濯してアイロンをかけ[187]、庭に野菜を植えて鶏を育てる[188]。それでも足りず、女性たちは暖房の焚き木に使うため裏庭で薪割りもする[189]。夫が見ても妻たちは一日中家の内外を歩き回りながら仕事ばかりしているが、家族は全く気にかけずにこき使うだけで、雇われた女中と変わりない[190]。

町の人口はわずか2640人で[191]、町の人たちは皆親戚のようにお互いに知らないことがない[192]。人間関係は索漠とした産業化時代とは異なり、親密で優しく、誰が病気なのか、どの家で赤ちゃんが産まれたのかという細かいことまで全て知っている[193]。男性主人公のジョージの父親で医師のギブス氏は町の警察官であるウォーリンに、ジョージがタバコを吸うのを見たら叱ってほしいと頼む[194]。

町の人たちはこの町で生まれ育ち、町にある学校に通い、町に住む人たちと恋をして結婚し、死んでも町にある共同墓地に一緒に葬られる。若い人たちも町が大好きで、高校を卒業して90%が町に定着する。他の地域にある大学に進学しても、卒業後には町に戻って来る[195]。町の朝は新聞配達と牛乳配達で始

186) Wilder, 2003, p. 26.
187) Wilder, 2003, p. 37.
188) Wilder, 2003, p. 17.
189) Wilder, 2003, p. 13, 37.
190) Wilder, 2003, p. 37.
191) Wilder, 2003, p. 22.
192) Wilder, 2003, p. 42.
193) Wilder, 2003, p. 18.
194) Wilder, 2003, p. 45.
195) Wilder, 2003, p. 24.

まる[196]。朝になると母親たちは朝食を作り、子供たちを学校に行かせる準備で忙しい。町人たちは1日1回は生活必需品や薬を売っていてカフェもあるドラッグストアと食料品店に立ち寄り、平凡な日常を過ごす[197]。

特に偉大な人物が輩出されたことはないが、町は歴史が古く由緒が深い。共同墓地は町の山の高いところにある。最も古い碑石は1670年代や1680年代に建てられたものだ。墓地の主人公たちはグローバーズ氏、カートライト氏、ギブス氏、ハーシー氏などで、今住んでいる人々と同じ家の人々だ[198]。それだけ町の人たちの町に対する愛着が深いことを示している。他の地で死んでも町の共同墓地に葬られる[199]。ほとんどの町人は組合教会に通い、結婚式もそこで行う。ギブス氏の夫婦もそうだし、ジョージとエミリーもそうだ。

町人の大半は中下位階層だが、専門職も少しおり、識字率は10%ほどである[200]。この町には裕福な人と貧しい人との階級差別がほとんどない。医師のギブス氏は、新聞配達の少年や牛乳配達のおじさんとも気兼ねなく話し、見栄を張らない。

この時期は資本主義が発展しておらず、階級の不平等が深刻ではなかった。平等についての概念が非常に自由主義的であり、現代の平等や福祉の概念とは程遠い。地元新聞の編集長であるウェブ氏は、勤勉で良識のある人はトップに上がり、怠け者で喧嘩ばかりする人はどん底に落ちると考えている。一方、自立できない人々は町の人々ができるだけ最善を尽くして助けていると

196) Wilder, 2003, pp. 8-12.
197) Wilder, 2003, p. 5.
198) Wilder, 2003, p. 6.
199) Wilder, 2003, p. 7.
200) Wilder, 2003, p. 24.

言う[201]。

しかし、必ずしもそうではないようだ。聖歌隊の指揮者であるサイモン・スティムソンは酒に溺れて生きているが、ギブス夫人は口を挟むべきではないと言う。ギブス夫人の友人ソームズ夫人は、自立できない隣人に対する同情心が強く、スティムソンの酒癖が悪くなるばかりなのに、どうして知らないふりができるのかと反問する[202]。ジョージの父親で医師のギブス氏は、スティムソン氏がどのような人なのか町の誰よりもよく知っている。彼は小さな町に合わない人で、彼の終末が心配だが、私たちにできることはないのでそのまま放っておくしかないと言う[203]。スティムソン氏は結局自殺で生涯を終えた[204]。町人たちの政治的性向は保守的だ。町人たちの 86% が共和党で、民主党が 6%、社会党が 4% で、残りは政治に無関心だ[205]。

戯曲の始まりである第 1 幕は、夜明け前の早朝に始まって人々が眠る夜までの一日の日常生活全体を扱っている[206]。劇の最初の部分が夜明け前に始まるのは、人にとって人生が最初に始まる段階と同じだからだ。という訳で、第 1 幕の最初の部分はポーランド人が住んでいる町に双子が誕生する場面から始まる[207]。これはアメリカが移民の国であり、移民の出産と増加によって成長したことを暗示している。

明け方、町内で最も早く起きる人たちは、新聞配達する青年

---

201) Wilder, 2003, pp. 25-26.
202) Wilder, 2003, p. 40.
203) Wilder, 2003, p. 41.
204) Wilder, 2003, p. 91.
205) Wilder, 2003, p. 24.
206) Wilder, 2003, pp. 3-46.
207) Wilder, 2003, p. 8.

と牛乳配達するおじさんと母親たちだ[208]。母親たちは子供たちが学校に遅れないよう、早く起きて朝食を作り、子供たちを叩き起こして朝食を食べさせ、学校に送る。

昼になり、母親たちは子供たちを学校に行かせた後も休むことができない。子供たちが学校に行っている合間に庭で野菜を育てなければならない。たまに隣人の女性とおしゃべりするだけだ[209]。放課後、子供たちは学校から帰ってくるが、母親の仕事を手伝うどころか、自分たちのやるべきことで忙しい。

夕方、女性たちは教会で聖歌隊の練習をするという口実で外出し、おしゃべりをするのが楽しみだ[210]。歌の練習が遅く終わって少しでも遅く帰ってくると、それが夕方8時半でも、夫たちは自分たちのように女性たちもダンス中毒になったのだと思っている[211]。月の明るい夜には母親たちも寝ずに月見でもしたいが、子供が遅くまで寝ないのではないかと心配になり、家の外に長く留まることもできず急いで家に帰る[212]。夜になると町人たちは皆眠りにつく。都市化された社会ではないため、夜9時半頃になるとほとんどが眠りにつく[213]。もちろん、若者たちは月明かりを見ながら恋愛を夢見て心躍らせ、眠ることができない[214]。この時期は全てがただ美しい。

町では一日中毎日のように繰り返される平凡な日常が続く。何事も起こらず平穏だ。一見すると町の人たちの暮らしがつまら

---

208) Wilder, 2003, pp. 8-12.
209) Wilder, 2003, pp. 17-21.
210) Wilder, 2003, p. 38.
211) Wilder, 2003, p. 40.
212) Wilder, 2003, pp. 38-40.
213) Wilder, 2003, p. 43.
214) Wilder, 2003, p. 45.

ないように見えるかもしれないが、ひっくり返せば大きな事件が起きないということはどれほど幸いなことか。しかし、人々は日常の平和に感謝することを知らない。現実をつまらないものに思い、過去の良い日を思い出し、未来の確信できない理想社会を望む。毎日大きな事件が起こるべきなのか。誰もが偉人にならなければならないのか。

第2幕は平凡な日常生活ではなく、人生で最も幸せな過程である結婚式と、結婚に至る若い男女の恋愛の物語だ。戯曲の主人公である医師ギブス氏の息子ジョージと、地元新聞の編集長であるウェブ氏の娘エミリーは隣同士に住んでいる[215]。2階にあるジョージの部屋からエミリーの姿が見える[216]。ジョージはエミリーより勉強ができない。数学の代数問題が難しくてうまく解けない時、エミリーに問題を解くヒントをくれと言う。ジョージは男のプライドを保つため、エミリーに答えを教えてもらうのではなく、ヒントだけを求める。賢いエミリーは、ジョージのプライドを守るため、ヒントはいくらでも教えてあげることができると言い、代数問題を解くのに詰まったら口笛を吹くよう教える[217]。思春期にある青少年期の子供たちの間に、勉強を口実に愛が芽生え始める。

ジョージは野球に関心が高く[218]、高校を卒業したら叔父の農場に行って農夫になりたいと思っている[219]。エミリーはジョージと同い年で同じ学校に通っている。エミリーは顔もき

215) Wilder, 2003, p. 56.
216) Wilder, 2003, p. 28.
217) Wilder, 2003, p. 29.
218) Wilder, 2003, p. 13.
219) Wilder, 2003, p. 29.

れいで[220]、勉強もよくでき、健康だ。実はエミリーは同級生の中で一番賢い子で、記憶力も優れている[221]。

ジョージとエミリーは学校に一緒に通い、放課後はドラッグストアに立ち寄って一緒に食事もしているうちに恋愛感情を抱くようになる。エミリーは恋に落ち、外見にも気を使う[222]。夜は月明かりがとてもきれいで、ジョージの家の花の香りに酔って勉強がうまくいかず、よく眠れない[223]。

自然[nature]の多い若者たちが恋をして結婚し[224]、新しい家庭を築くように、ジョージとエミリーにも恋をして結婚するという幸せなことが起こる。一人で暮らすのは自然的ではないので、一生を二人で生きるようになっている[225]。ほとんど誰もが結婚し、既婚者として臨終を迎える。

時間が経って子供たちが成長し、町にも少しずつ産業化の波が訪れる。馬が 125 頭に増え、自動車も町に入って来るという[226]。しかし、一番重要なことは、人々の生活がほとんど変わらず、以前と似ているという点だ。

戯曲の背景となる 20 世紀初頭の子供たちは、高校を卒業すると急に成長して結婚する。ジョージとエミリーも例外ではない。彼らも当時の慣行どおり、高校を卒業して結婚することになる。しかし、幸せな結婚をする前に、難しい幾何学とキケロの演

220) Wilder, 2003, p. 31.
221) Wilder, 2003, p. 15.
222) Wilder, 2003, p. 31.
223) Wilder, 2003, p. 35, 45.
224) Wilder, 2003, p. 47.
225) Wilder, 2003, p. 54, 75.
226) Wilder, 2003, p. 68.

説法を卒業試験でパスしなければならない[227]。まるで、人生で幸せなことに向き合うために難しい過程を経なければならないかのように。

子供を結婚させる過程で、親たちは自分たちが結婚する時に楽しかった思い出も振り返る。妻が今更ながらきれいに見える[228]。夫婦として長く一緒にいて、会話も途切れず[229]、うまく過ごしてきたことに対して感謝することもある。親たちは、幼い我が子が結婚して親のそばを離れたら、幼い配偶者が自分の子の面倒を親のようによく見てくれるか心配で、頼りなく感じる。いざ子供を行かせようとすると、寂しくて涙が出たりもする[230]。

結婚式のように特別な日でも一日の始まりは同じだ。夜明け前に新聞配達する少年は依然として新聞を配達し、牛乳配達するおじさんは同じように牛乳を配達する。結婚式の日なのに、母親たちは平日と同じように朝早く起きて朝食の支度をしなければならない。家族が事情を考慮してくれたとしても、フレンチトーストくらいは朝食で準備しなければならない[231]。昔も今も母親たちは数十年間、一日も休むことができず、毎日のように一日3度の食事の準備をし、洗濯をし、掃除をしなければならない。休暇もなく、いつものように面白くもなく、単純なことを繰り返しても、数十年間、神経衰弱に一度もかからず[232]、不平もなくやり遂げたのか。これこそ奇跡だ。

小さな町で若者たちの恋愛場所は薬も売って食べ物も売って

227) Wilder, 2003, p. 48.
228) Wilder, 2003, p. 53.
229) Wilder, 2003, p. 55.
230) Wilder, 2003, p. 53, 76.
231) Wilder, 2003, p. 54.
232) Wilder, 2003, p. 49.

いる町のドラッグストアだ[233]。それでも恋に落ちた若者たちは楽しいばかりだ。ジョージはドラッグストアでエミリーとの愛を確認した後、農業大学に進学する計画を変え、早く結婚するため大学に行かないことにした[234]。愛は一人の男の進路も変えられる偉大な力なのだろうか。ジョージは、愛は大学よりも重要だと考えている。

ジョージは結婚式の朝、花嫁のエミリーに会いたくてエミリーの家に行く。しかし、結婚式の日、新郎は式場で新婦を見なければならないと義母に言われ、新婦に会うことができない[235]。この迷信は実際、ソーントン・ワイルダーが兄の結婚式の日に兄の義母から聞いた言葉だが、ワイルダーはこの迷信を自分の戯曲にそのまま取り入れた[236]。

いよいよジョージとエミリーの結婚式の日。新郎新婦のジョージとエミリーはお互いを愛しているが、結婚式の日にいざ式場へ行こうとすると、なぜか結婚に対する恐怖が襲ってくる。二人とも結婚をキャンセルしたい気持ちになる。ジョージは結婚式の日の朝、数時間後には結婚するが、結婚したら死にそうだと言って首を切るふりをする[237]。結婚式場でも、ジョージはゲストを見ると突然恐怖が押し寄せてきて、式場から抜け出そうとする[238]。エミリーも結婚式場に入ると、急に結婚するのが怖くなり、寂しくなる。エミリーは人生で結婚式の日ほど寂しく感じたことはないようだ。夫になるジョージの顔を見ると、突然ジョー

233) Wilder, 2003, pp. 63-73.
234) Wilder, 2003, p. 71.
235) Wilder, 2003, p. 57.
236) Wilder, 2003, p. 116, 132.
237) Wilder, 2003, p. 56.
238) Wilder, 2003, p. 77.

ジの顔が憎らしく見える。結婚を避けるために、いっそ死んでほしいと思ってしまう。結婚式場から逃げて父親と一生一緒に暮らしたくなる[239]。結婚したくて急いだくせにだ[240]。

結婚に対する恐怖も束の間。ジョージとエミリーは結婚式を挙げ、永遠の愛を誓う[241]。結婚式は誰にとっても人生で一番幸せな瞬間なのか、ソームズ夫人は他人の結婚式を見ても感激し、いつも涙を流す[242]。ソームズ夫人はジョージとエミリーが幸せに暮らすことを祈っている。結婚の目標は幸せに暮らすことだ。いや、幸せは結婚だけでなく人生においても最も重要なものだ[243]。

結婚後は幸せだけが待っているのだろうか。人々は結婚をこれほど望んでいたのに、いざ結婚式の日になるとなぜ恐れるのだろうか。結婚が配偶者に拘束されることを意味し、独身としての自由を永遠に奪うからだろうか。それとも配偶者と子供たちに対する責任意識から抜け出すことができないからだろうか。それでも若者たちは初めて恋に落ちた時、夢遊病にかかったようにどこの街を歩いているのかもわからず、何の話を聞いたのかもわからなくなる。少し気がおかしくなって[244]結婚する。

人生は一人の男と一人の女が出会って結婚する。また、そのように数百万人の人々が結婚する。小屋で子供を産んでベビーカーに乗せて回り、日曜日の午後にはフォード車に乗ってドライブに出る。年を取って最初のリウマチにかかり、孫たちができ、2回目のリウマチにかかり、臨終が来て遺書朗読がある。人生は

239) Wilder, 2003, p. 79.
240) Wilder, 2003, p. 76.
241) Wilder, 2003, p. 80.
242) Wilder, 2003, p. 81.
243) Wilder, 2003, p. 82.
244) Wilder, 2003, p. 63.

辛く、二人で生きていれば楽しいことは千回に一度ずつ訪れるかどうかだ。それでも人々は結婚式の日は幸せで、どの結婚式でも式の終わりはメンデルスゾーンの結婚行進曲で終わる[245]。これが全ての人に当てはまる人生のサイクルだ。それでも日常生活ほど重要なものはない。

人々は結婚して幸せに暮らしそうだが、ソーントン・ワイルダーの次の幕は非常に衝撃的に、幸せな結婚と対比される死から始まる。なんという皮肉だろうか。

作家は、町の人たちが死んだら葬られる共同墓地が町でとても重要な場所だと述べる。共同墓地は生きている人々が住む町の低い地帯と離れた山頂にある。まるで生と死が共存できないということを表しているようだ。人生に喜怒哀楽があるように、共同墓地も移り気な人生を反映するよう、青空が見える時もあれば曇る時もある。太陽が明るく輝く時もあれば、暗やみの象徴である月と星が輝く時もある[246]。

普通の人々は人生を十分に生き、老いて共同墓地に来るが、たまに若い人たちも与えられた人生を全て享受できず、ここに来ることがある。南北戦争[1861-1865]の時に戦死した若い軍人のようにだ。ニューハンプシャー州のこの小さな町の外に50マイルも出たことのない若者たちだ[247]。この若者たちはアメリカ合衆国という名前が何を意味するのかも知らず、意味もわからない理念のために戦争に行き、虚しく死を迎えた。人生を生き抜くこともできず、若くして惜しくも亡くなった彼らの墓には、鉄で作った

245) Wilder, 2003, p. 82.

246) Wilder, 2003, p. 86.

247) Wilder, 2003, p. 87.

旗[248]だけがなびいている。

嫁いだ娘に会うためオハイオ州に行き、肺炎で亡くなったギブス夫人も、他の地から遺骨を持ってきて村の共同墓地に埋葬されている。息子のジョージを結婚させてから数年も経っていないからだ。村人のほとんどが通う組合教会のオルガン奏者であり、聖歌隊指揮者であるサイモン・スティムソン氏の墓地もここにある[249]。彼はギブス氏が言ったとおり、才能が秀でていたため、このような小さな町にはふさわしくなかった。そのためか、毎日酒に溺れて暮らしていたが、神様を信じる人にもかかわらず屋根裏部屋で首をつって自殺をした。自身の人生を要約して表そうとするように、自殺する前に墓地に書かれる碑文を自分が決め、生涯の職とした音楽の楽譜を碑文とした[250]。結婚式の時、とても喜んでいたソームズ夫人も埋葬されている[251]。女主人公エミリーの弟であるウォーリーも、ボーイスカウトに加入してノースコンウェイにキャンプに行ったが、突然盲腸が破裂して幼い年で亡くなり、ここに埋められている[252]。

この山の上の共同墓地には悲しみに苦しむ数多くの人々の悲嘆が込められている。我々は皆、そのような悲しみに晒されているため、共同墓地に上がる時の心情がどうなのか理解できる。しかし、永遠に忘れられないような悲しい記憶も、時が経てば次第にぼやけていく。この共同墓地にも日が当たり、雨が降り、雪が降る。人々はもう悲しみを忘れ、愛する人々がこのように美しい

248) Wilder, 2003, p. 87.
249) Wilder, 2003, p. 87.
250) Wilder, 2003, p. 91.
251) Wilder, 2003, p. 87.
252) Wilder, 2003, p. 87, 107.

ところに埋められ幸いだと考えるようになる。いつかは我々も人生が終わる時、一度はここに来なければならない[253]。死は誰もが通らなければならないからだ。

人の人生が結婚から死に変わるように、人々が集まって暮らす村も少しずつ変わり始めた。馬はほとんど姿を消し、農夫たちはフォード車に乗っている。まだ泥棒が入ったことはないが、人々は夜になると皆玄関の鍵を閉める。しかし、この町は町の名前が示すように隅っこにあるからか、全体的には驚くほど変化がない。人々が生きていく姿は昔も今も同じだ。時間が経っても変わらず、毎日繰り返される日常に一番価値があるため、日々の暮らしは変わらず続く。母親たちは朝になると1日3度の食事を用意し、子どもたちが学校に遅れないように叩き起こし、人々は恋をして結婚し、年を取ると死ぬ。

ジョージとエミリーが結婚式を挙げてから9年が過ぎた[254]。その間、ジョージとエミリーは農場を現代風に改造し、息子も産んだ。結婚後、全てのことが追い風になってうまくいっているようだったが、エミリーは二人目の子供を産み、まだ若い26歳で夭折する。エミリーは結婚式の時、ジョージに永遠の愛を要求したが[255]、永遠は儚いのか、二人が10年も幸せに暮らせずに死ぬ。永遠の理想社会、変わらない絶対的理想社会が何の役に立つのか。

エミリーは高校の卒業式の時、詩をとても上手に読み、校長先生もこれまでこの町で高校を卒業した女子生徒の中で一番賢いと言うほど頭が良かった[256]。勉強ができ、代数問題も解くこ

253) Wilder, 2003, p. 87.

254) Wilder, 2003, p. 85.

255) Wilder, 2003, p. 80.

256) Wilder, 2003, p. 93.

とができ、そのように利口だったエミリーも、20 世紀初めだからか才能を生かすことができず、平凡な専業主婦になる。エミリーは子供を産んで若くして死に、愛する夫と 4 歳の幼い息子を置いて共同墓地に来る。結婚後、ジョージと協力して農場も新しくし、フォード自動車も買ったが、その全てを置いて死ぬ[257]。

エミリーは姑のギブス夫人が残してくれた 350 ドルで農場に畜舎を新しく建て、家畜が水を飲めるようセメントで作った長い給水台も設置した[258]。350 ドルはその当時ではかなりの大金だ。ジョージの母親であるギブス夫人が祖母から受け継いだタンスをボストンから来た骨董品商に売って得たお金だ[259]。ギブス夫人はそのお金で一生の願いだったパリ見物をしようと決心していたが[260]、息子夫婦が農場をよりうまく運営できるように与えてしまう[261]。一生を通して子供のことばかり考える母であった。

愛する夫ジョージと息子を置いて早く死んでしまったエミリーは、人生に対する懐かしさが込み上げ、生きていた時に戻りたがる[262]。エミリーは夫のジョージと一緒に農場を最新式に修理し、自動車もあって幸せに暮らしたが…。エミリーは死んでも幸せに暮らした現世の人生が忘れられず懐かしがる。死んでみると、生きているということがどれほど幸せなことか。それなのに、なぜ生きている人たちは朝から晩まで一日中辛いことだけを考え、暗さの中で生きているのか[263]。人々は愚かにも、死んでから

257) Wilder, 2003, pp. 95-96.
258) Wilder, 2003, p. 95.
259) Wilder, 2003, pp. 18-19.
260) Wilder, 2003, p. 19.
261) Wilder, 2003, p. 96.
262) Wilder, 2003, p. 98.
263) Wilder, 2003, p. 97.

生きていることがどれほど大切かを悟る。

しかし、死者たちはエミリーに生の世界に戻らないよう勧める[264]。戻っても、生きている人たちが人生の大切さと価値を知らずに生きているのを見るだろうからだ。人生は一度しかないため、二度と戻ってこない時間を大切に過ごさなくてはならないということを生きている人は絶対に気づかない。しかし、エミリーは悲しかった日ではなく、嬉しかった日を選べばいいと言い張り、ジョージとドラッグストアで愛を確認した日[265]に戻りたがる。嬉しかった日に戻れば、生きている時に価値ある人生を喜んで過ごすはずだと主張する。

エミリーの姑であるギブス夫人は、生きていた時間に戻りたければ、幸せだった日ではなく平凡な日、いや平凡な日の中でも一番意味のなかった日を選ぶよう忠告する[266]。死の世界に戻りにくくなるかと思ってそう忠告しているのだろうか。それとも、人々が大切な人生の時間を無駄にすることに失望するのではないかと心配して止めるのだろうか。エミリーは、平凡な日を選ぶなら結婚後や子供を産んだ後は駄目だと言い、12回目の誕生日を選ぶ。死者たちは、誕生日の数時間だけを選ぶように言うが、エミリーは誕生日の朝から丸一日帰ると固執する[267]。なるべく生の時間を延ばしたいのだ。人生を生きていく中で、結婚後の生活は皆幸せで、子供を産んだら皆幸せなのだろうか。結婚生活が短かったエミリーにはそう感じるのだろうか。

エミリーの願いはついに許され、平凡だが嬉しい日の12歳

264) Wilder, 2003, p. 98.
265) Wilder, 2003, p. 98.
266) Wilder, 2003, p. 100.
267) Wilder, 2003, p. 100.

の誕生日に丸一日戻る。戯曲の冒頭部分と同様、エミリーは夜明けの町の朝に戻る。1899 年 2 月 11 日、アメリカ東部のニューハンプシャーの冬は雪がたくさん降って寒く、牛乳配達のハウイおじさんの家の倉庫は氷点下 23 度だ。それにもかかわらず、エミリーは生きて町に戻って来られて幸せだ。楽しく暮らしていた町はそのままだ。ジョージとの愛を確認したドラッグストアもそのままある。その当時は知らなかったが、ママはとても若くて美しかったのに、あんなに老けるなんて[268]。そう、母親にもきれいで若い頃があったのだ。

しかし、エミリーが戻ってきた現実は思ったほど楽しくない。生きている瞬間が最も重要なのに、人々はお互いの顔を一度も見ることなく、またたく間に時間が過ぎていく。エミリーの誕生日なのに、家族はそれぞれ自分のすべきことをするのに忙しくてお互いの顔も見れず[269]、意味もなく時間が流れていく。母親は娘の誕生日の料理の準備や[270]子供たちを学校へ送る準備[271]、大きくなった娘にあげるためにお祖母さんが着ていた服を屋根裏部屋から探し出す[272]のに忙しい。

エミリーはその時になってようやく、人々が生きている大切な時間に愛してるの一言も言えず、時間を浪費しながら生きていることに気づく。エミリーは「ねえ、ママ、ちょっとでも私の顔を見て。私たちは再び時間が許されて、ほんのひと時だけ集まったの。また幸せになれる時間がとても短く許されたの。もっと

---

268) Wilder, 2003, pp. 100-103.

269) Wilder, 2003, p. 107.

270) Wilder, 2003, p. 101.

271) Wilder, 2003, p. 102.

272) Wilder, 2003, p. 107.

お互いのことを見ましょう」と絶叫する[273]。しかし、母親はエミリーの誕生日祝いの準備に忙しく、エミリーの顔を見ることができない。エミリーは母親に、弟のウォーリーが少年団員としてキャンプに行って盲腸が破裂して死んだことを伝えようとする。また、エミリーは自分の誕生日に、愛したジョージがプレゼントしてくれた切手の本も見ることになる。

エミリーは生きていた時の過去のある時点に戻ることで、人生がどれほど素晴らしいか、現在がどれほど美しいかに今になって気づく。しかし、生きていた時は知らなかった。誰もそれに気づいていない。まるで小さな箱の中に閉じ込められているように、人生の真実に気づかない[274]。何気なく過ぎ去る小さなこと一つ一つにも喜びがあるが、生きている時は人々はそれを知らない。父と母もいつも私たちのそばにいる。

エミリーは生きていた時、人生を無駄にしていたことに気づき、町の共同墓地に埋められている死者たちに、これ以上この世での人生は見られないと言い、死の世界に戻ると言う。エミリーは人生を去る前に、最後に現実世界を振り返る。「さようなら、この世界よ。さようなら、愛する私の町グローバーズ・コーナーズ。ママとパパもさようなら。時計の音も、ママが庭で育てていたひまわりも。おいしい料理とコーヒーも。ママがアイロンをかけてくれた新しい服も。それからあったかいお風呂も。夜眠って起きることも。ああ！日常の些細なことがこんなに美しいなんて。生きていた時はわからなかったわ。現実の人生がどれほど美しいか、人生がどれほど大切なのか、人々はこれに気付いていないのね」。エミリーは限りなく涙を流しながら「この地上の世界っ

273) Wilder, 2003, p. 107.

274) Wilder, 2003, p. 96.

てあまりにも美しすぎて、誰からも理解してもらえないのね」と言い、再び共同墓地に戻る[275]。

エミリーは死んだ後になってようやく、人々が生きている間は自分の人生が持つ意味をまともに理解できないということに気づく。人々はみな盲目だ[276]。エミリーは生きている時に戻れば同じ過ちを犯すことを知り、死の世界に戻る。

聖歌隊の指揮者だったサイモン・スティムソンも、死んで初めて人生の意味に気づくと教える。生きるということは、無知の雲の中をほっつき歩いて、誰彼構わず人の感情を踏みつけ、永遠に生きられるかのように時間を浪費し、次から次へと自分勝手な欲望に振り回されることだと。無知と盲目の世界だと[277]。だからといって、スティムソンのように自殺しなければならないのか。

エミリーは生の世界に戻り、失望して再び死の世界に戻っていくが、人々には以前のように日々の暮らしが続くだろう。朝になると母親たちはまた早起きして朝食の支度をしながら、子供たちを学校に行かせる準備をするだろう。子供たちは成長して恋愛し、結婚し、夜になると眠りにつき、死んで共同墓地に来るだろう。それでも地球の人々は何かをしてみようといつも緊張しながら一生懸命に生きていく。しかし、あまりにもひどく力んでいるため、16時間ごとに一度は横になって寝なければならない[278]。しかし、日々の日常は過去のように、現在のように、未来にもまた続くだろう。人々のありふれた生活が最も重要なため、永遠に続

275) Wilder, 2003, p. 108; Bruce Bawer, "An Impersonal Passion: Thornton Wilder," *Hudson Review*, 61:3, Autumn 2008, p. 507.

276) Wilder, 2003, p. 109.

277) Wilder, 2003, p. 109.

278) Wilder, 2003, p. 111.

くだろう。革命が起こるとしても、改革が起こるとしても･･･。

3) 現実に忠実であれ

ソーントン・ワイルダーの偉大な点は、他の人々のように理想社会を追求するのではなく、現実に忠実であることがより重要だと強調する点だ。人は誰でも同じように、たった一度の人生を生きるだけだ。理想社会や未来を追求し、今ここにある人生を逃してしまったら、それより愚かなことはないだろう。しかし、ほとんどの人は人生を無限であるかのように捉え、一番近い家族間でも愛してるという一言を一度も表現することなく、憎んで怒って人生を終える。ソーントン・ワイルダーは、生きている間に日常の瞬間を大切にするよう我々に忠告する。毎日起こる些細なことが他の全てより重要だということだ。ワイルダーが 1957 年に『わが町』の序文に書いたこの文は、実際にこの戯曲が公演される度にプログラムに最も多く引用される文章だ[279]。この文章がまさにワイルダーが『わが町』で表したい主題なのだ。

ソーントン・ワイルダーはなぜ劇の最初を日常生活で始めたのだろうか。ある評論家の言うとおり、『わが町』には小説や演劇になるような劇的な場面がない[280]。しかし、第 1 幕の最後の部分に出てくるジョージの妹レベッカの台詞を見ると、ワイルダーの意図が推察できる。「ジェーンが病気になった時、牧師が手紙を送ったが、封筒の宛先がジェーン・クロファット様、クロファット農場、グローバーズ・コーナーズ町、サトン郡、ニューハンプシャー州、アメリカ合衆国、北アメリカ大陸、西

279) Wilder, 2003, p. 171.
280) Wilder, 2003, p. 114.

半球、地球、太陽系、宇宙、神の心と書いてあったの[281]。」

封筒の宛先からわかるように、小さな町に住んでいる一人の個人とそこで起きる我々の些細な一日の日常が、実は普遍的に人類全体、ひいては神の意思までつながるという意味だ。小さな町の特殊な個人から始まって全人類までつながること、また、小さな町の一人の個人の人生を全ての人類が共通して所有することは神の意思が反映されたものであるため、これよりさらに重要なことはないという意味だ。大層な未来の理想社会より、現実で起こる我々の些細な人生が神の意思が反映された重要な瞬間だということだ。

ワイルダーは、アメリカの中産階級の家庭[282]で起きている毎日の暮らしを、アメリカにとどまらず世界の全ての人々の普遍的な暮らしにつなげた。特殊な人生を全地球的な人生に、平凡な日常を宇宙に変換させたのだ[283]。

ワイルダーは未来の理想社会より重要なのが現実だという点を強調するために、また、未来で確実なのは理想社会の到来より死だということを悟らせるために、『わが町』で劇中の人物が未来ではどうなるかを現時点であらかじめ知らせてくれる。まさにこのような構成がこの戯曲のもう一つの特異な点だ。

戯曲の第 1 幕は 1901 年に始まるが、男主人公ジョージの父親である医師ギブスが 1930 年に亡くなるという点をあらかじめ知らせてくれる。ジョージの母親であるギブス夫人は夫より先に死ぬが、保険社員に嫁いだ娘レベッカに会いにオハイオ州キャ

---

281) Wilder, 2003, p. 46.

282) Bert Cardullo, “WHOSE TOWN IS IT, ANYWAY? A RECONSIDERATION OF THORTON WILDER’S OUR TOWN,” *CLA Journal*, 42:1, September 1998, p. 85.

283) Wilder, 2003, pp. 126-127, 177-178.

ントンに行き、そこで肺炎にかかって死ぬだろう。ギブス夫人は他の地域で亡くなったが、町の他の人々のようにやはり町に運ばれ、町の共同墓地にあるギブスとハーシー一族の墓の間に葬られるだろう。なぜなら、組合教会で医師のギブス先生と結婚する前はジュリア・ハーシーだったからだ[284]。

新聞配達をしていたまじめな学生ジョー・クロウェルは非常に聡明で前途有望な青年だった。町の高校を首席で卒業して奨学金をもらい、MIT 工科大学に入学するつもりだ。秀才だけが集まるその大学でも首席で卒業するだろう。当時、MIT 工科大学があるボストンの新聞に、それについての記事が大きく出るはずだ。立派なエンジニアになれた人材だった。ところが、戦争が勃発してフランスで戦死した[285]。熱心にした全ての勉強と彼の夢が無駄になったのだ。

若いエミリーは結婚して 9 年しか経っていないのに、二人目の子供を産んで死んだ。たった 4 歳の幼い息子を残してだ。愛するジョージがエミリーに愛の証として誕生日プレゼントを持ってくるが、永遠に続くと思われる愛する人との時間もいつ終わるかわからない。若い頃、愛する人と一緒に夢見た未来もいつなくなるかわからない。エミリーの弟ウォーリーも青少年の時にボーイスカウトでキャンプに行ったが、盲腸が破裂して突然死んだ。一寸先もわからないのが人の人生なのに、人間の未来を誰が知ることができるだろうか。理想が何の役に立つだろうか。

アメリカ北東部の隅っこに住んでいた前途有望な若者が、何の関係もない遠い世界で起こる第一次世界大戦に参戦し、内容も知らない理念のために戦い、虚しく死ぬ。学校で勉強が一番よ

284) Wilder, 2003, p. 7.
285) Wilder, 2003, p. 9.

くでき、演説も上手で一生演説をして生きるという遠大な抱負を持った女性が、時代を間違えた不運のためか、幼い頃の夢と理想を実現することもできず平凡な主婦になって早死にする。ボーイスカウトに加入し、未来のために精神と身体を鍛えようとキャンプに行った若者が突然死ぬ。いくら有限な人生だとしても、そんなに短く終わるとは誰が想像できるだろうか。

作家のソーントン・ワイルダーは、人間の人生はいつどこで何が起こるかわからないため、限りある短い時間を許された人は、未来の理想社会のために現在を軽視するのではなく、生きている一瞬一瞬を忠実で楽しく人生の意味を享受して生きなければならないという点を力説している。

2003 年に発刊されたソーントン・ワイルダーの『わが町』の序文を書いたイェール大学教授ドナルド・マーグリーズ Donald Margulies は、ワイルダーが劇の最初の部分で現在に生きている作中の人物の未来を同時に知らせる理由は、生と死、過去と現在、未来が同時性を持っているためだと解釈している[286]。演劇が始まるや否や死が周囲でうろついているため、劇で起こる生きている人々の毎日の日常がより一層大切な意味を持つようになる。我々の日常は些細だが、大きな事件が起きないからといって、また、偉大な人物にならないからといって、誰が我々の平凡な人生をいつ到達するかわからない遠い未来の理想のために犠牲にしろと言えるだろうか。そのため、いつなくなるかわからない日々の暮らしが、未来の大層な人生より、また、現実の矛盾をなくすという幻想の理想社会よりさらに大切で価値があるわけだ。

いつ来るかわからず永遠に来ないかもしれない未来の理想社

286) Wilder, 2003, p. xvii.

会のために、誰が今生命を持った主体として大切に生きている現在を無視しろと言うのか。いくら弊害が多く、足りない点が多いとしてもだ。現在のこの時間は過ぎ去ってしまえば二度と戻ってこないのに。偉大な人々も朝起きて学校に行く準備をしてご飯を食べて結婚して死ぬのに。

人々は永遠のものがないことを知りながらも、それを追求する。しかし作家は、偉大な人たちが人間誰にでも永遠の何かがあると言ってきたと冷笑的に皮肉る。作家は永遠不滅のものはないと述べる。共同墓地でも人々が永遠に葬られるのではなく、肉体が腐って消える間、しばらく留まる段階だという。何か重要で偉大なこと、そして自分の永遠の何かが明らかになることを待ち、永遠のものを発見するのを待つが、そのようなものはないということだ。ここから作家の中心思想を垣間見ることができる[287]。

ワイルダーはなぜ理想を追求せず、現実を大切にしたのだろうか。誰もが人生観、価値観、思想などはその人が生きていた時代の影響を大きく受ける。ワイルダーも例外ではなかった。ワイルダーは父親が香港と上海で総領事として在職したおかげで、幼年時代を中国で過ごした。1906 年と 1910 年から 1912 年まで、彼が 9 歳と 13 歳から 15 歳までの期間だ。幼い頃に経験した特別な経験は成人になってもより鮮明に記憶に残るものだ。

この時期、中国は清朝が滅亡する時期で、対外的には西洋列強と日本の侵略で、対内的には軍閥の乱立でそれこそ混乱状況に置かれていた時期だった。ますます悪化していく中国の政治状況の中で幼年時代を過ごしたワイルダーが、現実の矛盾を克服し、未来に住みやすい理想社会が到来すると信じられただろうか。

---

287) Wilder, 2003, pp. 86-87.

具体的には、『わが町』についてのワイルダーの構想は1923年まで遡り[288]、執筆の完成は1937年11月になってようやく実現した[289]。長年にわたって執筆を行ったため、面白いエピソードが少なくない。もともと劇のタイトルは『Our Village』で、ヒロインの名前もAmyだった[290]。この時期は、アメリカで大恐慌の影が差しかかっていた時期だった。失業者は量産され、会社は破産し、背広を着た乞食が路上を歩き回り、皆毎日を生き延びることが困難な時代に生きていた。中国の混乱とアメリカの大恐慌を経験したワイルダーが、住みやすい理想社会の到来を夢見るのは難しかったのではないだろうか。いつ来るかわからない、いや、もしかしたら永遠に来ないかもしれない理想社会をむやみに待つより、人間が置かれている現実の人生を直ちに価値あるものにしようとする考えがより現実的だったのではないか。サミュエル・ベケットの『ゴドーを待ちながら』が示唆するように、ゴドーはいつ来るかもわからず、永遠に来ないこともあるからだ。

理想社会より現実を重視するソーントン・ワイルダーの思想は、彼が大学を終えてイタリアで考古学を研究していた時の経験からも生まれたと言える。ワイルダーはイェール大学を卒業した後、1920年から1921年までイタリアで考古学を研究した。ワイルダーは発掘過程で1世紀頃に住んでいたアウレリウス家の墓を発見した。墓はローマ中心部近くの通りの下に埋まっていた。古代ローマ人の遺跡と愛と慣習と敬虔さの上に現在の電車が走っていたのだった[291]。これを通じて、ワイルダーは過去、現在、未

---

288) Wilder, 2003, p. 117.

289) Wilder, 2003, p. 120.

290) Wilder, 2003, p. 117-118.

291) Wilder, 2003, pp. 157-158.

来を貫く時間の意味について、また、古代から現在まで続く毎日の暮らしの連続性について発見したのだろう。

毎日進行する暮らしの重要性に対するワイルダーの思想は、『わが町』の第1幕で克明に表れる。町内最高の金持ちであるカートライト氏が新しく建てる銀行の礎石の下に、千年後に取り出す物で、平凡な暮らしの大切さを描いた『わが町』の台本を入れると言う[292]。ワイルダーは、重要視されない日々の些細な日常生活が集まり、社会全体の歴史と宗教的観念などを構成するという点が、この戯曲で示したいテーマだと直接語っている[293]。

『わが町』が初めて公演された時期は1938年2月だ。この時期は1929年に始まった大恐慌、1933年ルーズベルト大統領当選、1939年から始まった世界第二次大戦の戦雲が漂っていた政治的な時期だった。アメリカはもちろん、全世界的に政治的渦の時代で、ワイルダーの『わが町』は政治的状況を無視した作品だと批判されたりもする。しかし、ワイルダーは政治よりも難しく重要な時間、愛、死という重い哲学的テーマを扱っているという点で価値があると言える[294]。

観客たちもこの演劇を見て作家の思想を理解したのか、1938年ニューヨークブロードウェイ初演の際、劇が終わると涙と鼻水を流しながらスタンディングオベーションをした[295]。ワイルダーの

---

292) Wilder, 2003, p. 33.

293) Wilder, 2003, p. 154.

294) Lori Wright, "70 Years Later, 'Our Town' Remains Timeless," UNH Media Relations, January 15, 2008, p. 2. http://www.unh.edu/delete/news/cj_nr/2008/jan/lw15ourtown.cfm.html 検索日 2022. 3. 2.

295) Wilder, 2003, p. 113; ニューヨークブロードウェイ初公演は1938年2月4日だった。https://www.playbill.com/article/paul-newman-co-welcome-broadway-to-our-town-beginning-nov-22-com-109726 検索日 2022. 3. 22. 正式公演前に

思想は忠実に伝わり、少なくともアメリカのどこかで毎晩一度は『わが町』が上演されるという話が出るようになった[296]。

プラトンは古代紀元前5世紀に、時間が経っても永遠に変わらない絶対的真理と、階級を問わず全ての人が同意する絶対的理想国家の姿を追求した。対照的に、ワイルダーはプラトンが求める永遠不滅のものはないと気づかせてくれる。限りある一日の人生もまともに生きられない人々が永遠なものを手にできるのか。毎日起こる些細な日常の人生は永遠に変わらず続くため、それがまさに永遠の真理であり、絶対的真理だと教えてくれる。日常の人生が大切だということに気づき、日々を過ごすことが、まさに理想社会の実在であることを示唆する。

古代プラトン以来、ルソー、マルクスに至るまで、偉大な思想家たちは理想社会の実現を追求してきた。逆に、アリストテレスからマキャヴェッリ、カール・ポパー、ワイルダーに至る思想家たちは珍しく現実の人生の重要性を説く。我々は生きている間、何を追求して生きなければならないのか。本当に難しい問題であり、答えが見つからない問題かもしれない。

開かれた初試写会は、1938年1月22日にニュージャージー州プリンストンで開かれた。Kliment, 検索日 2022. 3. 18.

296) Wilder, 2003, p. 125.

Chapter 06

人類の歴史の発展：理想と現実の調和

MYTH · BIBLE · LITERATURE
& THE WESTERN POLITICAL THEORY

Chapter 06

人類の歴史の発展：理想と現実の調和

政治思想は、現実が矛盾に満ちているため暮らしやすい理想社会を具現しなければならないと認識した苦労の産物だ。西洋の政治思想の出発は古代プラトンによってなされ、プラトンの哲人王思想は彼の弟子であるアリストテレスの民主主義思想によって否定される。古代ギリシャの都市国家を基にした古代思想は、マケドニアのギリシャ征服によりピリオドを打つことになる。古代が終わって新しい時代が始まり、古代を支配した思想や政治体制は否定され、新しい形態の思想が現れる。哲学的にはストア主義、宗教的にはキリスト教が支配する中世が出現する。中世の政治単位は古代都市国家ではなくコスモポリスだ。

人間の理性の発達と科学の発展で、中世の神中心思想もやはり終末を迎え、古代ギリシャの中心思想だったヒューマニズムが復活する。ヒューマニズムは、商業と金融業で繁栄を享受していたフィレンツェなどのイタリア自治都市を中心に発展する。近代政治思想の幕開けを知らせるマキャヴェッリはフィレンツェ出身だ。マキャヴェッリはキリスト教の理想社会論を否定し、世俗的現実政治で暮らしやすい国家を作ることに政治思想の中心を移す。

ギリシャから出発してイタリアを経由した西洋の政治思想の中心舞台は、宗教改革と民族国家の出現を経てイギリスに移っていく。マキャヴェッリの現実政治思想に影響を受けたイギリスの政治思想家たちの話題は、王の絶対的権威を崩すことだった。経験的観点から政治的権威の起源を研究することで、神から由来した王権神授説の正当性を打破し、政治的権威に対する根本的で新しい省察を始める。代表的な学者は、社会契約論者のホッブズとロックだ。

ホッブズは君主の権威が逆らえない神の絶対的命令によってではなく、国民の同意による契約によって形成されたという社会契約論を創始した。しかし、ホッブズは中世と近代を媒介する人物で、王の権利の起源は国民の同意に基づくが、国家を安定させるために君主の権威をリヴァイアサンのように絶対化し、中世と近代の中間に位置する立場を取る。ホッブズの絶対君主論は、その時期のイギリス内乱による国家の不安定さを反映している。社会契約論に基づいて王の権利を制限する真の社会契約論はロックによって完成する。

イギリスの社会契約論はフランスに渡り、ルソーの社会契約論を誕生させる。ルソーはホッブズとロックの穏健な社会契約論からもう一歩踏み込み、王が国民の意思に反して統治すれば、王を引き下ろすことができるという急進的な社会契約論に発展させた。ルソーの急進的な社会契約論に影響を受け、1789年にフランス革命が勃発した。フランス革命によって古代アテネ滅亡後に消えた民主主義は、再び人類の中心思想として登場する。

19世紀末、資本主義がもたらした貧富の格差と階級の不平等に衝撃を受けたカール・マルクスによって共産主義思想が出現する。共産主義思想が提示する理想社会の姿は、現存するどの政治思想よりも完全にバラ色の社会だ。共産主義は貧富の差と階級の不平等がなく、支配服従の不平等関係である国家も消滅する段階で、人類の歴史発展の最後の段階であるため、これより良い理想社会は出現しないと主張する。共産主義思想は波及力の大きい思想で、あっという間に多くの人々を魅了し、アジア、ヨーロッパ、アフリカなど全世界に共産主義革命が広がった。人類の目の前に理想社会を即座にもたらしてくれるように見えた共産主義思想も、70 年余りの社会実験を終えて幕を閉じた[1]。

混乱した世の中を生きなければならない人間は、明白な二分法に熱狂したりする。時代によって変化する政治思想も、その時代を代表する二人の政治思想家に分類される。古代の政治思想家はプラトンとアリストテレスである。プラトンは哲人王思想家で、アリストテレスは民主主義思想家だ。中世を代表する思想家は中世初期のアウグスティヌスと中世後期のアクィナスだ。アウグスティヌスは神学中心であり、アクィナスは神学と哲学を接合させる。人間の理性が再発見された近代は、人間の理性に対する賛辞の時期だったのか、二人ではなく数人に代表される。近代思想の嚆矢であるマキャヴェッリと社会契約論者であるホッブズ、ロック、ルソーだ。現代に入って再び二人の思想家に分類される。二人は共にドイツ出身で、カール・マルクスとマックス・ウェーバーだ。マルクスは生産中心に階級理論を発展させ、ウェーバーは消費中心に階層理論を発展させる。

時代が変われば政治思想も変わる。政治思想家も一般人と同

1) レーニンの共産主義革命によって帝政ロシアが崩壊し、ソ連が創設された 1917 年からゴルバチョフの時にソ連が崩壊した 1991 年までの約 70 年をいう。

様、彼らが生きている時代を超えて存在しないからだ。政治思想家は、彼らが生きていた時代の矛盾によって人間が経験する苦痛と不幸に共感し、暮らしやすい理想社会の実現のために努力する人間だ。時代が変われば、時代の問題点も変わり、したがって政治思想の内容も変わる。政治思想が変われば、逆に政治思想の影響を受け、時代の姿も変わる。政治思想の変化が蓄積され、人類の歴史となる。

人類の歴史からもわかるように、思想も完全な思想はない。民主主義思想に共感してフランス革命を起こしたが、ロベスピエールの独裁に終わった。共産主義思想に心酔してロシア革命と中国革命が起こったが、スターリンの独裁と毛沢東の独裁で終わった。それでも、現実が完全でない限り、人々は引き続き理想社会を追求する努力を止めないだろう。

どうすれば理想社会を築くことができるだろうか。人類が試した方法は、急進的な方法である革命と穏健な方法である改革である。急進的革命思想を代表する学者にはプラトン、ルソー、マルクスがいる。しかし、革命はフランス革命やロシア革命、中国革命に見られるように、革命前の旧体制よりも激しい独裁に帰結した。

ほとんどの政治学者は革命よりも改革に友好的だ。フランス革命後、イギリスのエドマンド・バーク Edmund Burke は、フランス革命の急進的性格が失敗をもたらしたとし、穏健な改革に賛成する。バークは『フランス革命の省察』という著書で次のように述べている。「怒りと狂乱は、慎重と熟慮と先見の明が数百年にわたって建設した全てのものを破壊した。旧制度のミスと欠陥は目に見える。旧制度のミスを指摘するのに能力はあまり必要ない。革命家に絶対的権力が与えられれば、旧制度とそれがもたらした悪を破壊するのに一言で十分だ[2]。」「革命家たちは悪を嫌悪しすぎるあまり、人間を全く愛さない[3]。」

これと似た思想としてカール・ポパー Karl Popper が挙げられる。オーストリアで生まれ、イギリスで主に活動したポパーは、『開かれた社会とその敵 The Open Society and Its Enemies』で理想社会を実現するための急進的な方法に反対し、漸進的な社会改良主義を掲げる[4]。このような点でポパーはマルクスを埋葬した人と評価される[5]。漸進的方法は現存する制度を認める。このような理由から、漸進的な方法は既成世代のための思想だと非難されたりもする。

いかなる思想も完璧な思想はない。いかなる社会も完全な理想社会ではない。理想と現実が調和し、急進的革命と漸進的改革が調和して、人類の歴史は発展する。理想か、現実か。それぞれ個人の選択にかかっている。現実は理想ではないため完璧ではない。人間は人間であるからこそ完璧を追求し、実現不可能な夢を見る。人類の歴史が続く限り、人間は夢を見て理想社会を現実に具現しようと絶えず試みるだろう。夢を見ることができなければ死ぬしかないのが人間の運命なのかもしれない。

---

2) Edmund Burke, *Reflections on the Revolution in France*, edited with an introduction by Conor Cruise O'Brien, New York: Penguin Books, 1982, pp. 279-280.

3) Burke, 1982, p. 283.

4) Karl Popper, *The Open Society and Its Enemies*, 1, 2, Princeton: Princeton University Press, 1971,

5) Economist, "The man who buried Marx and Freud," September 24, 1994.

参考文献

『성경』, 서울 : 아가페, 2005. (『聖書』, ソウル : アガペ, 2005.)

소포클레스 · 아이스퀼로스, 천병희 옮김, 『오이디푸스왕 · 안티고네 외』, 서울 : 문예출판사, 2016. (ソポクレス · アイスキュロス, チョン · ビョンヒ訳, 『オイディプス王 · アンティゴネ他』, ソウル : 文芸出版社, 2016.)

안한숙, " 성과 뇌," 『현대사회의 여성과 남성』, 수원 : 아주대학교 출판부, 1992. (アン · ハンスク, 「性と脳」『現代社会の女性と男性』, 水原 : 亜洲大学出版部, 1992.)

이문열, 『영웅시대』, 서울 : 민음사, 1984. (李文烈 (イ · ムニョル), 『英雄時代』, ソウル : 民音社, 1984.)

이윤기, 『이윤기의 그리스 로마 신화』, 1, 2, 3, 4, 5 권, 서울 : 웅진 지식하우스, 2015. (イ · ユンギ, 『イ · ユンギのギリシャ · ローマ神話』, 1, 2, 3, 4, 5巻, ソウル : ウンジン知識ハウス, 2015.)

조용헌, 『조용헌의 명문가』, 서울 : 랜덤하우스, 2009. (チョ · ヨンホン, 『チョ · ヨンホンの名門家』, ソウル : ランダムハウス, 2009.)

조지프 캠벨, 『신의 가면 III 서양 신화』, 정영목 옮김, 서울 : 까치, 2014. (ジョーゼフ · キャンベル, 『神の仮面III 西洋神話』, チョン · ヨンモク訳, ソウル: カササギ, 2014.)

진미경, " 남녀 불평등 이론의 재조명과 페미니즘," 이범준 외, 『21 세기 정치와 여성』, 서울 : 나남, 1998. (ジン · ミギョン, 「男女不平等理論の再評価とフェミニズム」 イ · ボムジュン他, 『21 世紀の政治と女性』, ソウル : ナナム, 1998.)

진승록, 『민법총론』, 서울 : 대성출판사, 1949. (ジン· スンロク, 『民法総論』, ソウル : デソン出版社, 1949.)

Arendt, Hannah, *The Human Condition*, Chicago: University of Chicago Press, 1958.

Arendt, Hannah, "Philosophy and Politics," *Social Research*, 57:1, Spring 1990.

Aristotle, *The Politics of Aristotle*, edited and translated by Ernest Barker, London: Oxford University Press, 1958.

Auick, Laura, "Dream Accounts in the Hebrew Bible and Ancient Jewish Literature," *Currents in Biblical Research*, 17:1, October 2018.

Bak, John S., ""Love to you and Mother": An Unpublished Letter of Tennessee Williams to his Father, Cornelius Coffin Williams, 1945," *Mississippi Quarterly*, 69:3, Summer 2016, p. 1.

Barlag, Phillip, *The Leadership Genius of Julius Caesar: Modern Lesseons from the Man Who Built an Empire*, Oakland, Cal.: Berrett-Koehler, 2016.

Bawer, Bruce, "An Impersonal Passion: Thornton Wilder," *Hudson Review*, 61:3, Autumn 2008.

Benner, Erica, *Machiavelli's Prince: A New Reading*, Oxford: Oxford University Press, 2013.

Bowra, C. M., *The Greek Experience*, New York: New American Library, 1957.

Bremmer, Jan, *Greek Religion and Culture, the Bible and the Ancient Near East*, Boston: Brill, 2009.

Bulfinch, Thomas, *Bulfinch's Mythology: The Age of Fable or Stories of Gods and Heroes*, New York: Doubleday & Company, 1948.

Bulfinch, Thomas, *Bulfinch's Mythology*, includes *The Age of Fable, The Age of Chivalry, and Legends of Charlemagne*, New York: Modern Library, 1998.

Burke, Edmund, *Reflections on the Revolution in France*, edited with an introduction by Conor Cruise O'Brien, New York: Penguin Books, 1982.

Camus, Albert, *The Myth of Sisyphus and other essays*, translated by Justin O'Brien, New York: Vintage International, 1991.

Cardullo, Bert, "WHOSE TOWN IS IT, ANYWAY? A RECONSIDERATION OF THORNTON WILDER'S OUR TOWN," *CLA Journal*, 42:1, September 1998.

Carter, T. L., "The Irony of Romans 13," *Novum Testamentum*, 46:3, July 2004.

Cassidy, Canon Dr. Ron, "The Politicization of Paul: Romans 13:1-7 in Recent Discussion," *Expository Times*, 121:8, May 2010.

Collins, Vicki, "Table, Bottle, and Bed: The Insatiable Southern Appetite of Tennesse Williams," *Journal of the Georgia Philological Association*, 8, 2018-2019.

Corey, Judith, "Dreaming of Droughts: Genesis 37:1-11 in Dialogue with Contemporary Science," *Journal for the Study of the Old Testament*, 38:4, May 2014.

Cowley, Jason, "The road to revolution," *New Statesman*, December 11, 2020.

Curran, Stuart, "The Political Prometheus," *Studies in Romanticism*, 25:3, Fall 1986.

Das Gupta, Jyotindra, "A Seasons of Caesars," *Asian Survey*, v. 18:4, April 1978.

Djilas, Milovan, *The New Class*, New York: Harcourt Brace Jovanovich, 1957.

Djilas, Milovan, *The Unperfect Society*, tr. by Dorian Cooke, New York: Harcourt, Brace & World, 1969.

Djilas, Milovan, "A Revolutionary Democratic Vision of Europe," *International Affairs*, 66:2, April 1990.

Elshtain, Jean B., *Public Man, Private Woman: Women in Social and*

Political Thought, Princeton: Princeton University Press, 2020.

Euripides, *The Trojan Women*, Digireads.com Publishing, 2012,

Figgis, John Neville, *The Divine Right of Kings*, Cambridge: Cambridge University Press, 1922.

Finley, M. I., "Athenian Demagogues," *Past and Present*, 21:1, April 1962.

Fleck, Robert K. and Andrew Hanssen, "Engineering the Rule of Law in Ancient Athens," *Journal of Legal Studies*, 48:2, June 2019.

Forrest, W. G., *The Emergence of Greek Democracy*, London: World University Library, 1966.

Gaventa, Beverly Roberts, "Reading Romans 13 with Simone Weil: Toward a More Generous Hermeneutic," *Journal of Biblical Literature*, 36:1, January 2017.

Germino, Dante, *From Machiavelli to Marx*, Chicago: University of Chicago Press, 1972.

Gordon, Jeffrey, "The Triumph of Sisyphus," *Philosophy and Literature*, 32:1, April 2008.

Graaf, Jan De, "Outgrowing the Cold War: Cross-Continental Perspectives on Early Post-War European Social Democracy," *Contemporary European History*, 22:2, April 2013.

Gramsci, Antonio, *Prison Notebooks*, New York: Internaitonal Publishers, 1971.

Griffith, R. Drew, "The Mind is Its Own Place: Pindar, Olympian 1.57f," *Greek, Roman and Byzantine Studies*, 27:1, Spring 1986.

Hall, Jonathan, "Politics and Greek myth," *The Cambridge Companion to Greek Mythology*, Roger D. Woodard, ed., Cambridge: Cambridge University Press, 2008.

Harries, Martin, *Forgetting Lot's Wife: On Destructive Spectatorship*, New

York: Fordham University Press, 2007.

Harris, J. S. Randolph, "John 11:28-37," *Interpretation*, 63:4, October 2009.

Hobbes, Thomas, *Leviathan*, edited by Michael Oakeshott, New York: Collier Books, 1962.

The Holy Bible, English Standard Version, London: Collins, 2002.

Hulsman, John C., *To Dare More Boldly: The Audacious Story of Political Risk*, Princeton: Princeton University Press, 2018.

Huntington, Samuel P., *Political Order in Changing Societies*, New Haven: Yale University Press, 1968.

Jayamanne, Laleen, *Poetic Cinema and the Spirit of the Gift in the Films of Pabst, Parajanov, Kubrick and Ruiz*, Amsterdam: Amsterdam University Press, 2021.

Johnson, Chalmers, "What's Wrong with Chinese Political Studies?" *Asian Survey,* v. 22:10, October 1982.

Johnson, Robert A., *She: Understanding Feminine Psychology*, New York: HarperPerennial, 2020.

Jonker, Geredien "Naming the West: productions of Europe in and beyond textbooks," *Journal of Educational Media, Memory, and Society*, 1:2, Autumn 2009.

Jurdjevic, Mark, "Virtue, Fortune, and Blame in Machiavelli's Life and The Prince," *Social Research*, 81:1, Spring 2014.

Kant, Immanuel, *Perpetual Peace*, translated by Mary Campbell Smith, New York: Cosimo, 2010.

Keohane, Robert and Joseph Nye, *Power and Interdependence*, Boston: Little & Brown, 1977.

Kliment, Bud, "The birth and life of an American classic: 'Our Town'," pulitzer.org/article/birth-and-life-american-classic-our-town

Klosko, George, *The Development of Plato's Political Theory*, London: Oxford University Press, 2007.

Kolin, Philip C., and Jurgen Wolter, "Williams' A STREETCAR NAMED DESIRE," *Explicator*, 49:4, Summer 1991.

Kolin, Philip C., "The First Critical Assessments of A Streetcar Named Desire: The Streetcar Tryouts and the Reviewers," *Journal of Dramatic Theory and Criticism*, 6:1, Fall 1991.

Lampe, Kurt, "Camus and the Myth of Sisyphus," Vanda Zajko and Helena Hoyle, ed., *A Handbook to the Reception of Classical Mythology*, Hoboken, New Jersey: John Wiley & Sons, 2017.

Laurian, Lucie, "This is what direct democracy looks like: how Athens in the 5th century BC resolved the question of power," *Town Planning Review*, 83:4, July-August 2012.

Lazenby, J. F. and David Whitehead, "The myth of the hoplite's 'hoplon.' (shield)," *Classical Quarterly*, 46:1, January-June 1996.

Lesser, Rachel H. "The Pandareids and Pandora: Defining Penelope's Subjectivity in the Odyssey," *Helios*, 44:2, September 2017.

Lintott, Andrew, "Aristotle and Democracy," *Classical Quarterly*, 42:1, May 1992.

Lipset, Seymour Martin, *Political Man*, Baltimore: Johns Hopkins University Press, 1981.

Liveley, Genevieve, "Orpheus and Eurydice," Vanda Zajko and Helena Hoyle, ed., *A Handbook to the Reception of Classical Mythology*, Hoboken, New Jersey: John Wiley & Sons, 2017.

Locke, John, *Second Treatise of Government*, Cambridge: Hackett Publishing Company, Inc., 1980.

Lukes, Timothy J., "Lionizing Machiavelli," *American Political Science*

Review, 95:3, September 2001.

Machiavelli, Niccolo, *The Prince*, tr. with an introduction by George Bull, New York: Penguin Books, 1980.

Maher, Matthew, "Fall of Troy VII: New Archaeological Interpretations and Considerations," *Totem*, 11, 2002-2003.

Marx, Karl, "Critique of the Gotha Program," *The Marx-Engels Reader*, ed. by Robert C. Tucker, New York: W. W. Norton & Company, 1978.

McAnnally-Linz, Ryan, "Resistence and Romans 13 in Samuel Rutherford's Lex, Rex," *Scottish Journal of Theology*, 66:2, April, 2013.

Merriam Webster's Encyclopedia of Literature, Springfield: Merriam-Webster, 1995.

Mill, John Stuart, *The Subjection of Women*, Cambridge: MIT Press, 1985.

Miller, Arthur, *Death of a Salesman*, New York: Viking, 1949.

Mobrly, R. W. L., "The Mark Of Cain-Revealed At Last?," *Harvard Theological Review*, 100:1, January 2007.

Morgenthau, Hans, *Politics among Nations*, New York: Knopf, 1961.

Muravchik, Joshua, "The Intellectual Odyssey of Milovan Djilas," *World Affairs*, 145:4, March 1983.

Nagy, Gregory, 2021.04.10. "Envisioning Aphrodite inside the living wood of a myrtle tree." *Classical Inquiries*. http://nrs.harvard.edu/urn-3:hul.eresource:Classical_Inquiries

Najemy, John M., "Machiavelli and Cesare Borgia: A Reconsideration of Chapter 7 of The Prince," *Review of Politics*, 75:4, October 2013.

Nardo, Don, *The Greenhaven Encyclopedia of Greek and Roman Mythology*, New York: Greenhaven, 2002.

O'Neill, Eugene G., *Long Day's Journey into Night*, New Haven: Yale University Press, 1956.

Orwell, George, "Telling People what they don't want to hear: the original preface to 'Animal Farm'," *Dissent*, 43:1, January 1996.

Orwell, George, *Animal Farm*, New York: Penguin Books, 1999.

Orwell, George, "WHY I WRITE," Michael Marland, ed., *Ideas, Insights and Arguments: A Non-fiction Collection*, Cambridge: Cambridge University Press, 2008.

Paglia, Camille, "Erich Neumann: Theorist of the Great Mother," https://www.bu.edu/arion/files/2010/03/Paglia-Great-Mother1.pdf

Panagopoulos, Nic, "Utopian/Dystopian Visions: Plato, Huxley, Orwell," *International Journal of Comparative Literature & Translation Studies*, 8:2, April 2020.

Patapan, Haig, "On Populists and Demagogues," *Canadian Journal of Political Science*, 52:4, Published online by Cambridge University Press: August 27, 2019.

Plato, *The Republic of Plato*, translated with introduction and notes by Francis MacDonald Conford, London: Oxford University Press, 1941.

Popper, Karl, *The Open Society and Its Enemies*, 1, 2, Princeton: Princeton University Press, 1971.

Pritchard, David M., "Democracy and War in Ancient Athens and Today," *Greece & Rome*, 62:2, October 2015.

Reddy, Albert, F., "Till We Have Faces: "An Epistle to the Greeks, *Scholarly Journal*, 13:3, Spring 1980.

Reeve, C. D. C., "Plato," Robert L. Arrington ed., *The World's Great Philosophers*, Malden, MA.: Blackwell, 2003.

Renger, Almut-Barbara, "Tracing the Line of Europa: Migration, Genealogy, and the Power of Holy Origins in Ancient Greek Narrative Knowledge and Cultural Memory," *History and Anthropology*, 25:3, June 2014.

Roberts, Susan C., "Still Working on Psyche's Last Task: A Second-Wave Feminist Looks Back on Her Past in Light of the #MeToo Movement," *Psychological Perspectives*, 62:1, January 2019.

Rev. Robertson, Anne, "John 11: 1-53," *Interpretation*, 58:2, April, 2004.

Rodden, John, "Introduction, or Orwell Into the Twenty-First Century," *Midwest Quarterly*, 56:1, September 2014.

Rosen, Stanley, *Plato's Republic: A Study*, New Haven: Yale University Press, 2005.

Rousseau, Jean Jacque, *On the Social Contract*, edited by R. D. Masters, New York: St. Martin's Press, 1978.

Sabine, George H., *A History of Political Theory*, revised by Thomas Landon Thorson, Illinois: Dryden Press, 1973.

Sandys, John Edwin, *A History of Classical Scholarship(Volume III): The Eighteenth Century in Germany, and the Nineteenth Century in Europe and the United States of America*, Cambridge: Cambridge University Press, 1908.

Saxonhouse, Arlene W., "Public Man/Private Woman in Context," *Politics & Gender*, 11:3, September 2015.

Senn, Samantha, "All Propaganda is Dangerous, but Some are More Dangerous than Others: George Orwell and the Use of Literature as Propaganda," *Journal of Strategic Security*, 8:5, Fall 2015.

Shakespeare, William, *Julius Caesar*, edited by J. H. Walter, London: Heinemann Education Books, 1962.

Sills, David L. and Robert K. Merton, eds., *International Encyclopedia of Social Sciences*, "Rousseau, Jean Jacques," New York: Macmillan, 1968.

Smith, Adam, *The Wealth of Nations,* New York: Penguin Books, 1982.

Soll, Jacob, "The Rerception of the Prince 1513-1700, or Why We Understand

Machiavelli the Way We Do," *Social Research*, 81:1, Spring 2014.

Sowerwine, Charles, "Woman's Brain, Man's Brain: feminism and anthropology in late nineteenth-century France," *Women's History Review*, 12:2, 2003.

Stauffer, Dana Jalbert, "Aristotle's Account of the Subjection of Women," *Journal of Politics*, 70:4, October 2008.

Strauss, Leo, *Thoughts on Machiavelli*, Chicago: University of Chicago Press, 1958.

Styrt, Philip Goldfarb, "Continual Factions": Politics, Friendship, and History in *Julius Caesar*, *Shakespeare Quarterly*, 66:3, Fall 2015.

Thomieres, Daniel, "Tennessee Williams and the Two Streetcars," *Midwest Quarterly*, 53:4, Summer 2012.

Thucydides, *The Peloponnesian War*, the unabridged Crawley translation with an introduction by John H. Finley. Jr., New York: Modern Library, 1951.

Tong, Rosemary, *Feminist Thought: A Comprehensive Introduction*, Boulder: Westview Press, 1989.

Vergil, *The Aeneid of Virgil*, A verse translated by Rolfe Humphries, New York: Charles Scribner's Sons, 1951.

Waltz, Kenneth, *Man, the State and War*, New York: Columbia University Press, 1954.

Weales, Gerald, "A Writer to the End," *Sewanee Review*, 118:1, Winter 201

Wilder, Thornton, *Our Town: A Play in Three Acts*, New York: Harper Collins, 2003.

Williams, Tennessee, *A Streetcar Named Desire*, New York: The New American Library, 1951.

Williams, Tennessee, *Memoirs*, Taipei: Imperial Book, 1975.

Wright, Lori, "70 Years Later, 'Our Town' Remains Timeless," UNH Media Relations, January 15, 2008, p. 2, hhttp://www.unh.edu/delete/news/cj_nr/2008/jan/lw15ourtown.cfm.html

Economist, "The man who buried Marx and Freud," September 24, 1994.

New York Times, 2016. 12. 18.

https://alchetron.com/Heinrich-Schliemann

http://www.ancient.eu/Polis/

http://classics.uc.edu/troy/coins/

https://www.collinsdictionary.com/dictionary/english/dominus

https://www.collinsdictionary.com/dictionary/english/peloponnesus

http://dictionary.reverso.net/italian-english/anno

https://deardigitaldramaturg.wordpress.com/2019/02/22/the-men-who-became-the-inspiration-for-stanley-kowalski/ 検索日 2022. 9. 3.

https://www.greekmythology.com/Myths/Mortals/Tantalus/tantalus.html

https://www.history.com/this-day-in-history/a-streetcar-named-desire-opens-on-broadway

https://www.playbill.com/article/paul-newman-co-welcome-broadway-to-our-town-beginning-nov-22-com-109726

https://www.theguardian.com/world/2001/sep/21/september11.usa11

http://www.twildersociety.org/biography/life-and-family/

http:// www.unh.edu/delete/news/cj_nr/2008/jan/lw15ourtown.cfm.html

Pulitzer.org/prize-winners.by-category/218

索引

こ

さ

し

す

せ

そ

た

ち

て

と

に

の

は

ひ

ふ

へ

ほ

ま

み

著者紹介

陳 美卿（ジン・ミギョン）

・ソウル出身
・韓国 梨花女子大学英文学科　卒業
・アメリカ バークレー大学　政治学博士
・韓国　亜洲大学　教授歴任
・現在 韓国外国語大学　招聘教授
・韓国政治学会　副会長歴任
・韓国国際政治学会　副会長歴任

著書

・『한국의 자유 민주주의 (韓国の自由民主主義)』(共著)
・East Asia in the Millenium: The Challenge of Change (共著)
・Democracy and the Status of Women in East Asia (共著)

論文

・현대 민주주의와 정당성 이론 (現代民主主義と正当性理論)
・녹색정치와 녹색 정치운동 (緑の政治と緑の政治運動)
・Japan's Foreign Policy toward North Korea in the Post-Cold Era
・Reflections on Women's Empowerment through Local Representation in South Korea

訳者紹介

桂川 智子（かつらがわ ともこ）

・愛知県出身
・韓国外国語大学 日語日文学科　語学博士
・韓国外国語大学日本語通翻訳学科　助教授 歴任
・現在 延世大学 東アジア国際学部　日本語講師

神話、聖書、文学と西洋の政治思想

初版発行　2023年12月29日

著　者　陳 美卿

訳　者　桂川 智子

発行人　中嶋 啓太

発行所　博英社
〒370-0006 群馬県 高崎市 問屋町 4-5-9 SKYMAX-WEST
TEL 027-381-8453 / FAX 027-381-8457
E・MAIL hakueisha@hakueishabook.com
HOMEPAGE www.hakueishabook.com

ISBN　978-4-910132-63-1